中国—东盟研究

CHINA-ASEAN STUDIES

2019年第四辑（总第十二辑）

中国—东盟区域发展省部共建协同创新中心◎编

经济管理出版社

ECONOMY & MANAGEMENT PUBLISHING HOUSE

图书在版编目（CIP）数据

中国—东盟研究. 2019 年. 第四辑/中国—东盟区域发展省部共建协同创新中心编. —北京：经济管理出版社，2019. 12

ISBN 978 - 7 - 5096 - 6777 - 4

Ⅰ. ①中…　Ⅱ. ①中…　Ⅲ. ①自由贸易区—区域经济发展—研究—中国、东南亚国家联盟　Ⅳ. ①F752. 733

中国版本图书馆 CIP 数据核字（2019）第 292906 号

组稿编辑：张巧梅
责任编辑：张巧梅　侯娅楠
责任印制：黄章平
责任校对：王纪慧

出版发行：经济管理出版社
　　　　　（北京市海淀区北蜂窝 8 号中雅大厦 A 座 11 层　100038）
网　　址：www. E - mp. com. cn
电　　话：（010）51915602
印　　刷：三河市延风印装有限公司
经　　销：新华书店
开　　本：720mm×1000mm/16
印　　张：13. 5
字　　数：222 千字
版　　次：2019 年 12 月第 1 版　　2019 年 12 月第 1 次印刷
书　　号：ISBN 978 - 7 - 5096 - 6777 - 4
定　　价：68. 00 元

《中国—东盟研究》编辑部

目录

CONTENTS

特　稿

国别研究

中国—东盟关系

会议与文献综述

附　录

Contents

Feature Article

Country Studies

China – ASEAN Relations

Conference and Literature Review

Appendix

特　稿
Feature Article

新时代沿边开发开放的新思考

李光辉　王　芮

【摘要】进入新时代以来，党中央高度重视沿边地区的开放发展，先后出台了一系列关于沿边开放发展的国务院文件，第一次系统地对沿边地区经济社会发展做出战略布局，第一次对沿边地区政策体系进行系统的完善和构建，这也是进入新时代我国沿边地区开发开放的重大突破。这对于我国全面实现小康社会，推进"一带一路"倡议，深化与周边国家经贸关系，实现兴边富民，促进区域协调发展等都具有重大战略意义。面对新形势的变化，我们要抓住新的机遇，采取新的举措，构建沿边地区开放型经济新体系，创新沿边地区国际经济合作新模式，培育沿边地区开放发展新优势，实现沿边地区新发展，推动形成全面开放新格局。

【关键词】沿边地区；新形势；新机遇；新举措；新发展

【作者简介】李光辉，广西大学创新发展研究院，学术院长、博士、享受国务院特殊津贴专家；王芮，对外经济贸易大学，博士研究生。

　　我国拥有 2.28 万公里陆地边境线，与越南、老挝、缅甸、不丹、尼泊尔、印度、巴基斯坦和阿富汗等 14 个国家接壤，与 9 个国家隔海相望。沿边地区面积合计 197 万平方公里，该地区少数民族分布比较集中。改革开放以来，沿边地区经济社会发展取得显著进步，人民生活水平明显提高，特别是进入新时代后，党中央、国务院高度重视沿边地区的开放发展，先后出台了《关于加快沿边地区开发开放的若干意见》（国发〔2013〕50号）、《沿边地区开发开放规划》（2014~2020）和《关于支持沿边重点地区开发开放若干政策措施的意见》（国发〔2015〕72 号）等文件，第一次系统地对沿边地区经济社会发展做出战略布局，第一次对沿边地区政策体系进行系统的完善和构建，这也是进入新时代我国沿边地区开发开放的重大突破。这对于我国全面实现小康社会，推进"一带一路"倡议，深化与周边国家经贸关系，实现兴边富民，促进区域协调发展等都具有重大战略意义。

一、新时代我国沿边开发开放面临新的形势

党的十八大以来，随着我国对外开放的不断深入，沿边地区开发开放面临的形势也在不断发生新变化，我国的沿边开发开放面临新的发展机遇。

（一）全面建成小康社会进入关键时期

"十三五"时期是全面建成小康社会的关键期，也是经济增长模式转型的攻坚期。习近平总书记提出："面向未来，中国将相继朝着两个宏伟目标前进：一是到 2020 年国内生产总值和城乡居民人均收入比 2010 年翻一番，全面建成惠及十几亿人口的小康社会。二是到 2049 年新中国成立100 年时建成富强民主文明和谐的社会主义现代化国家。为了实现这两大目标，我们将继续把发展作为第一要务，把经济建设作为中心任务，继续推动国家经济社会发展。"① 受到国际国内环境的制约，沿边地区相比沿海及内陆经济发展相对滞后，贫困人口较为集中。自 2000 年开始，国家连续在沿边地区实施"兴边富民行动"，以推动沿边地区的经济社会发展和边民的脱贫致富。党的十八大以来，党中央把贫困人口脱贫作为全面建成小康社会的底线任务和标志性指标，在全国范围全面打响了脱贫攻坚战。边境地区是我国贫困人口集中的重点地区，在 14 个集中连片的特困地区中，许多都分布在我国沿边地区，云南、广西、新疆、西藏和内蒙古等边境省

---

① 《习近平在金砖国家领导人第五次会晤时的主旨讲话（全文）》，中国共产党新闻网，2013年 3 月 28 日，http://cpc.people.com.cn/n/2013/0328/c64094 - 20943553.html，登录时间：2019 年 1 月 5 日。

区都是贫困人口较为集中的区域。2017 年 5 月，国务院办公厅再次印发《兴边富民行动"十三五"规划》，提出了到 2020 年边境地区同步全面建成小康社会、边境农村贫困人口全部脱贫，贫困县全部摘帽等目标。新形势下推进我国沿边地区加快开发开放步伐，加快沿边地区基础设施建设，促进沿边地区经济发展，实现全面脱贫目标，将是我国全面建设小康社会的重要保障。

（二）"一带一路"建设加快推进

2013 年，习近平总书记在哈萨克斯坦与印度尼西亚访问时，先后提出共建"丝绸之路经济带"与"21 世纪海上丝绸之路"的合作倡议。推进"一带一路"建设，是国家顺应全球发展大势、统筹国内国外两个大局所做出的重大决策，是我国当前和今后一段时期对外开放和对外合作的总的纲领。"一带一路"倡议以"政策沟通、设施联通、贸易畅通、资金融通、民心相通"为主要内容，为沿线国家提供了一个成果共享、包容发展、合作共赢的发展平台。6 年多来，随着"一带一路"建设的深入推进，我国国际影响力不断提升，170 多个国家和国际组织参与其中，一批有影响力的标志性项目逐步落地，"一带一路"朋友圈不断扩大。我国沿边地区外连周边国家，内通中部与沿海省份，是推进"一带一路"建设的"先手棋"和重要支点。特别是新亚欧大陆桥、中蒙俄、中国—中亚—西亚、中国—中南半岛、中巴和孟中印缅六大国际经济合作走廊的建设，都与沿边地区直接相关。加快我国沿边地区的开放步伐，和周边国家加强基础设施互联互通与发展规划对接，把国内、国外开放有机结合，更好地利用两种资源、两种市场，为我国"一带一路"建设提供重要支撑。如新疆作为"丝绸之路经济带"核心区，通过向西开放，深化与中亚、南亚、西亚等国家交流合作，有利于形成"丝绸之路经济带"上重要的交通枢纽、商贸物流和文化科教中心；内蒙古、黑龙江、吉林、辽宁等沿边省区通过加快向北开放，加强基础设施建设，推动区域铁路网和运输通道建设，有利于共同构建繁荣的中蒙俄经济走廊；广西能够充分发挥自己的区位优势，构建面向东盟区域的国际陆海新通道，形成"21 世纪海上丝绸之路"与"丝绸之路经济带"有机衔接的重要门户。而云南、西藏等省区也能通过加快沿边开放，推进与周边国家的国际运输通道建设，积极扩大沿边开放，发展边境贸易和旅游文化合作。

（三）周边政治经济环境复杂多变

沿边地区是连接两国或多国的交汇区，是与周边国家交往的前沿，是不同国家、民族、政治、经济、文化、宗教等事务频繁接触、往来的场所，其社会整体稳定与发展对我国边疆安全具有牵一发而动全身的影响。随着我国综合国力的不断增强，国际地位的迅速提升，挑战与机遇伴随而生。挑战方面，由于周边邻国众多，各国政治制度和经济发展水平各异，民族、宗教问题错综复杂，现实或潜在热点问题集中，这些都为我国边疆地区带来许多新的不稳定因素，因此，政治经济环境复杂多变。边疆地区局势的多样性使得我国在政治、军事和经济安全上必然受到复杂多变的周边地区的影响，不得不面对它们带来的挑战。近年来，一方面，我国与周边国家在领土、领海、岛屿等方面争端不断，产业竞争压力与对外投资合作冲突加大；另一方面，来自恐怖主义、环境、能源等非传统安全的威胁也在日益增加。机遇方面，周边国家一直是我国外交的首要和优先发展方向，党的十八大以来，我国更加突出周边在我国经济发展大局和外交全局中的重要作用，制定了"与邻为善、以邻为伴"，"睦邻、安邻、富邻"和"亲、诚、惠、容"的周边外交方针，并且提出了共建周边命运共同体的倡议。新形势下我国加快沿边地区开发开放，将有利于巩固和加强与周边国家和地区的睦邻友好和务实合作关系，共同营造和平稳定、平等互信、合作共赢的地区环境，营造有利于改革开放的周边环境。

（四）区域协调发展任务十分紧迫

当前，贸易保护主义抬头，国际政治经济环境正在发生深刻变化。我国改革开放正站在新的起点上，经济结构深度调整，各项改革全面推进，党的十八大和十八届三中、四中、五中、六中全会都提出要构建开放型经济新体系，经济发展模式要从原来的外向型经济发展模式转向发展开放型经济。习近平总书记曾指出，"当前，中国改革已进入深水区，牵一发而动全身，要敢于啃硬骨头。"① 改革开放 40 多年来，我国经济一直保持着较高的增长速度，但也面临着诸多问题，其中东、中、西部地区发展不均衡已成为严重制约我国经济增长的重要原因。边疆少数民族地区边缘化的区位特征既是一种现实的劣势，也是一种潜在的优势。2017 年，我国沿边省区边境小额贸易仅为 385.73 亿美元，同比增长 16.08%，占全国进出口贸易的比重仅为 0.94%②。在利用外资方面，沿边地区利用外资从 1998 年的 819.4 亿美元迅速增长到 2018 年的 5645.1 亿美元，增长约 6 倍，年均增长 11.1%③。尽管如此，沿边地区与东部沿海地区仍有较大差距，属于开放的洼地。在新形势下，沿边地区必须加快发展，全面提升沿边地区经济实力和影响力，加快构建开放型经济新体制，形成全方位开放新格局，进而实现区域经济协调发展。

二、对沿边开发开放的新认识

进入新时代，在新形势下，沿边地区的繁荣、发展和稳定事关我国新一轮改革开放和两个一百年目标的实现，必须从全局和战略高度，充分认识沿边地区特殊的战略地位和承担的历史使命，把深入实施沿边开发开放战略放在我国新时代改革开放和区域发展总体战略的优先位置。

（一）开放型经济发展的重要屏障

党的十八大以来，我国进入发展开放型经济新阶段，如何营造一个稳定的周边环境、服务于我国发展开放型经济成为重要的问题。我国的沿边开放是面向周边邻国的开放，通过向邻国的开放，深化与周边国家的经贸关系，实现国家周边外交战略目标，打造周边命运共同体。沿边地区是我

① 《习近平：改革已进入深水区 顶层设计在逐项落实》，人民网，2014 年 3 月 30 日，http://finance.people.com.cn/n/2014/0330/c1004 – 24773487.html，登录时间：2019 年 1 月 5 日。

② 李光辉主编：《2019 中国沿边开放发展年度报告》（第 1 版），中国商务出版社 2019 年版，第 66 页。

③ 李光辉主编：《2019 中国沿边开放发展年度报告》（第 1 版），中国商务出版社 2019 年版，第 68 页。

国深化与周边国家和地区合作的重要平台，是体现我国与邻为善、与邻为伴、睦邻安邻富邻的重要窗口，是古老丝绸之路沿线的重要区域。习近平总书记在周边外交工作座谈会上也明确提出"要加快沿边地区开放，深化沿边省区同周边国家的互利合作"。通过进一步加快沿边开放，与东盟、南亚、中亚、蒙古、俄罗斯等周边国家深化经贸合作，推动边境贸易发展，加强跨境产业合作，使中国经济成果外溢并惠及更多的周边国家及边境居民，让周边国家共享我国经济增长的利益、实现共同繁荣与发展，这不仅有助于"让命运共同体意识在周边国家落地生根"，而且有助于增强与周边国家的政治互信，加深国民相互理解，牵制乃至化解各种周边矛盾冲突，为我国实现"两个一百年"奋斗目标、实现中华民族伟大复兴的中国梦营造和谐稳定的周边环境。加快沿边开放步伐，推进沿边重点地区与周边国家深化合作是推进"一带一路"建设的重要内容，也是构建东西共济、海陆并举的全方位对外开放新格局的内在要求，有利于完善我国区域开放格局，协同推动沿海、内陆、沿边开放，全面提高对外开放水平。沿边重点地区与周边国家长期友好往来，有着良好的合作基础和巨大的合作潜力，正在成为推进"一带一路"建设的主力军。因此，营造良好的周边环境，促进沿边地区的经济发展，是我国进入新时代改革开放的重要屏障。

（二）实施"一带一路"建设的关键

2013 年，习近平总书记在哈萨克斯坦与印度尼西亚访问时，先后提出共建"丝绸之路经济带"与"21 世纪海上丝绸之路"的合作倡议，自此开启了"一带一路"建设的新篇章。"一带一路"建设是国家顺应全球发展大势、统筹国内国外两个大局做出的重大战略决策，有利于我国与沿线国家深化合作，打造利益共同体和命运共同体，实现区域共同发展与繁荣。"一带一路"建设的六大经济走廊和海上建设的方向是以中国沿边地区和沿海港口为起点，经中亚、俄罗斯、东南亚、南亚等周边国家，向西亚、地中海、印度洋以及欧洲延伸。从六大经济走廊来看，其起点都是沿边地区，可以说，沿边地区是连接东盟、南亚、中亚、俄罗斯等周边国家的"一带一路"起点，建设好沿边地区的这些重要起点是"一带一路"建设的关键。

我国沿边地区外连周边国家，内通中部与沿海省份，是当前国家"一带一路"远景规划建设的重要门户，在"一带一路"建设中能够起到连接、交汇的战略支撑作用。共建"一带一路"的五大方向中，有四个方向经由我国西北、东北、西南等沿边地区出发，新亚欧大陆桥、中蒙俄、中国—中亚—西亚、中国—中南半岛、中巴和孟中印缅六大国际经济合作走廊的建设也与我国沿边地区息息相关。加快我国沿边地区的开放步伐，与周边国家加强基础设施互联互通与战略规划对接，把国内、国外开放有机结合起来，更好地利用两种资源、两种市场，能为我国"一带一路"建设提供重要支撑。如新疆作为丝绸之路经济带核心区，通过向西开放，深化与中亚、南亚、西亚等国家的交流合作，推动新亚欧大陆桥、中国—中亚—西亚和中巴经济走廊建设，有利于形成"丝绸之路经济带"上重要的交通枢纽、商贸物流和文化科教中心；内蒙古、黑龙江、吉林、辽宁等沿边省区通过加快向北开放，推动区域铁路网和运输通道建设，有利于共同构建繁荣的中蒙俄经济走廊；广西能够借此充分发挥与东盟国家陆海相邻的独特优势，通过面向东盟以及中南半岛打造国际陆海新通道，加快南宁—新加坡经济走廊、北部湾区域性国际航运中心建设，从而形成"一带"与"一路"有机衔接的重要门户；而云南、西藏等省区也能通过加快沿边开放，推进与周边国家的国际运输通道建设，积极发展边境贸易和旅游文化合作，推动中国—中南半岛经济走廊和孟中印缅经济走廊建设，建设成为面向南亚、东南亚的辐射中心。

（三）开放型经济发展重要组成部分

经过改革开放40多年的发展，我国开放型经济发展卓有成效，但也面临发展不均衡、要素成本上升、资源环境约束等问题。就区域发展格局来看，同东部地区相比，广大沿边地区开放型经济发展水平仍然有待提升。改革开放以来，我国沿边省区边境小额贸易占全国进出口贸易总额的比重一直在0.9%左右，在利用外资和"走出去"等方面，沿边地区也处于起步阶段，与东部沿海地区有较大的差距，属于开放的洼地。当前，我们需要协同推进东中西部的对外开放，逐步形成分工协作、互动发展的全方位对外开放新格局。

2012年11月，党的十八大提出要"全面提高开放型经济水平"，其中特别指出"要创新开放模式，促进沿海内陆沿边开放优势互补，形成引领国际经济合作和竞争的开放区域，培育带动区域发展的开放高地"，首次将"沿边开放"与"沿海、内陆开放"作为提高"开放型经济水平"的组成部分并列提出。2013 年 11 月，党的十八届三中全会进一步提出要"构建开放型经济新体制"的新任务，"加快沿边开放步伐"正式成为其中的重要组成部分。2016 年，国务院启动的"构建开放型经济新体制综合试点试验"专门纳入了沿边城市防城港市，旨在为全国沿边地区开放型经济发展探索可复制、可推广的经验。我国现有的 18 个自由贸易试验区，其中有 4 个在沿边地区。我国沿边地区共与 14 个国家陆地相邻，具有开放前沿的突出地位，但前沿的地位远未转化成为开放的优势。通过加快沿边开放步伐，推进构建开放型经济新体制综合试点试验，不断探索沿边开放新模式，允许沿边重点口岸、边境城市、经济合作区在人员往来、加工物流、旅游等方面采取特殊方式、实行特殊政策，加快同周边国家和区域基础设施互联互通建设，有利于沿边地区扩大对外贸易、发展双向投资与产业合作，这也是我国构建开放型经济新体制、形成全方位开放新格局不可或缺的重要环节。加快沿边开发开放步伐，发挥沿边地区的重要枢纽优势，深度融入"一带一路"倡议，加强同周边国家的政策沟通和战略对接，推动互联互通和产业对接，加强创新能力开放合作，培育贸易新增长点，同时，实施更加灵活的政策，促进产业向中西部梯度转移，积极推动打造新的开放增长极。

（四）落实区域协调发展战略的载体

我国的对外开放始于沿海，沿边开放自 1992 年以来，虽然取得了很大成绩，但沿边区域经济发展水平始终落后于全国平均水平，地区生产总值多年来不足全国的 1.5%，人均生产总值也明显低于全国平均水平。正是在这样的情势下，2013 年 11 月，《中共中央关于全面深化改革若干重大问题的决定》进一步提出"扩大内陆沿边开放""加快沿边开放步伐"的战略举措。此后，国务院陆续出台《沿边开发开放规划》《关于支持沿边重点地区开发开放若干政策措施的意见》等文件，为新时期扩大和加快沿边开发开放做出了系统部署。当前，以习近平总书记为核心的党中央、国务院提出了新发展理念，更加重视东、中西部、沿海、内陆与沿边地区的统筹协调发展。沿边地区作为我国经济发展的短板和需要扶持的特殊类型地区，在全国层面的统筹协调发展中具有重要地位，进一步加快沿边开放步伐，不仅是贯彻落实习近平总书记新发展理念的内在要求，也是沿边地区实现自身经济发展的内在需求。

我国沿边地区不仅拥有独特的区位优势，还拥有丰富的自然资源以及特有的人文、旅游资源。通过加快沿边开放步伐，积极开展边境经济贸易合作，能使沿边地区与周边国家以及沿海、内陆地区的联系更加紧密，吸引内陆地区的资金、先进技术、商品、人才等汇集到边境地区，同时也将边境贸易、技术交流获得的周边国家的商品、技术等扩散到内陆地区，起到连接内陆地区与周边国家桥梁的作用，推动在边境地区形成经济增长极。加快沿边开发开放步伐，有利于提高外贸发展层次和水平，也能够加快工农生产发展和活跃国内市场，大力发展服务贸易，优化进出口贸易结构，更好地发挥国家重点开发开放试验区、边境经济合作区和出口加工区的作用，促进边境贸易向加工、投资、贸易一体化转型，加快边民互市贸易区建设，更好地提高外贸发展层次和水平。在这个过程之中，沿边地区能够摆脱过去经济边缘地带的地位，由自给自足的自然经济向市场经济转化，不仅有条件实现自身经济更快更好发展，也能带动和辐射内陆地区，对于贯彻落实区域发展战略、促进区域经济协调可持续发展意义重大。

（五）实现全面脱贫的重点难点区域

受地理、气候条件以及战争等多种因素影响，我国边境区域基础设施建设和经济发展水平落后，贫困人口较为集中。自2000年开始，国家连续在沿边地区实施"兴边富民行动"，以推动沿边地区的经济社会发展和边民的脱贫致富。党的十八大以来，党中央把贫困人口脱贫作为全面建成小康社会的底线任务和标志性指标，在全国范围全面打响了脱贫攻坚战。边境地区是我国贫困人口集中的重点地区，在14个集中连片的特困地区中，许多都分布在我国沿边地区，云南、广西、新疆、西藏、内蒙古等边境省区都是贫困人口较为集中的区域。2017年5月，国务院办公厅再次印发《兴边富民行动"十三五"规划》，提出了到2020年边境地区同步全面建成小康社会、边境农村贫困人口全部脱贫、贫困县全部摘帽等目标，并且制订了一系列支持边境地区发展的特殊政策措施。

虽然国家非常重视兴边富民行动计划的落实,在资金保障、项目支持、政策倾斜等多个方面给予支持,取得了很大实效,但是要推动行动计划取得长效,仍然需要边境地区自身具有"造血"功能,也就是需要着眼于自身的开发开放来做文章。为此,《兴边富民行动"十三五"规划》也提出围绕产业兴边大力发展边境地区特色优势产业、围绕开放睦边着力提升沿边开发开放水平等具体任务。通过加快沿边开发开放步伐,提升沿边地区口岸开放及与周边国家互联互通与经贸合作水平,促使资金、资源、人员与各类生产要素在边境地区汇集并形成增长极,形成农副产品加工、国际贸易流通、文化旅游等特色优势产业集群,不断带动边民就业与促进收入增加,这既是增强边境地区自身"造血"功能的迫切需要,也是落实兴边富民行动计划、实现全面脱贫目标的有力保障。

党的十八大以来,我国沿边地区积极融入"一带一路"建设,与周边国家积极发展边境经贸合作,依托边境经济合作区、跨境经济合作区等平台,打造跨境产业链,沿边开发开放取得许多创新与突破。今后一个时期,我们更需要深入贯彻习近平总书记系列重要讲话精神和治国理政新理念新思想新战略,坚持"兴边、稳边、固边",将沿边开发开放与"一带一路"以及西部大开发建设紧密结合,进一步加快沿边地区开发开放步伐,深化与周边国家经贸合作、人文交流与基础设施互联互通,打造我国实践周边外交战略与"一带一路"合作愿景的重要平台,建设繁荣稳定、开放发展、安定团结、绿色生态的亮丽边境,大力提升沿边地区经济社会发展水平,为我国实现"两个一百年"奋斗目标、实现中华民族伟大复兴的中国梦做出更大贡献。

三、新形势下对沿边开发开放的新思考

(一) 创新沿边开放型经济体制

1. 营造国际化的营商环境

根据沿边地区的不同特点,充分利用沿边地区的黑龙江、云南、广西自由贸易试验区实施先行先试,探索沿边地区新的发展路径,创新发展模式,对标国际经贸规则,营造国际化、法治化、便利化的营商环境,创新沿边地区开放型经济体制机制。

2. 赋予沿边新的权利

赋予重点开发开放试验区先行先试的权利，建立特殊的法律政策支撑体系，推动沿边地区的开发开放，加快构建沿边开放型经济新体制，创新沿边地区新的发展模式，实施自由贸易试验区与其他园区的联动发展，赋予园区复制推广自贸试验区创新经验的权利，实现政府职能转变，积极有效承接国家赋权，建立适应沿边开放型经济发展的高效精简的体制机制。

3. 加强政府职能转变

实行大部门管理体制改革，实现"小政府、大服务"，按照放宽市场准入、加强事中事后监管的原则探索推动行政体制的改革，加强知识产权保护，实行负面清单管理制度，重点加强投资贸易促进、涉外管理、财税管理、土地管理、社会稳定等方面工作。构建符合沿边特点的创新管理机制。

4. 创新发展模式

降低各种制度性成本，通过培育创新主体，集聚创新要素、打造创新网络、推进产业创新和区域创新等途径，培育创新土壤，营造激励创新的市场环境，构建起符合沿边地区经济发展的创新治理体系。

5. 创新对外合作机制

通过建立多边、双边定期会晤机制，创新国际产能合作机制、国际劳务合作机制和贸易机制，与毗邻国形成保留特色差异、并排向前发展、可供调和的国际合作模式。

（二）加强基础设施建设

围绕沿边开发开放，服务国家经济发展和外交大局，统筹规划，合理布局，有序推进，以构建国际大通道为重点，航空为先导，铁路和公路为骨干，水运为补充，口岸为节点，管道运输为辅助，加快构建沿边畅通、功能配套、安全高效的现代化基础设施体系，提高沿边开发开放支撑能力。坚持以畅通"一带一路"沿边节点为重点、适度超前的原则，统筹推进沿边地区的基础设施建设，形成互联互通的基础设施体系，增强沿边开放发展的支撑保障。

1. 加快推进公路运输网络建设

加快与周边国家之间的国际公路运输通道建设，统筹推进沿边地区公路网建设，合作建设跨境公路，打通缺失路段，畅通瓶颈路段，优化提升繁忙路段，尽快形成畅通的沿边道路、连接全部边境口岸、所有沿边城镇的高等级公路网络。如推动中国凭祥—越南河内高速公路建设，加快建设中国水口—越南驮隆界河二桥等重点口岸跨国桥梁项目，中越峒中—横模大桥、G219 防城峒中至东兴等公路建设。

2. 加快构建铁路运输大动脉

打造面向东盟、贯通中南半岛国家的快速铁路通道，全力推进中朝、中俄、中缅、中老等铁路建设，谋划建设临高铁产业园和高铁经济圈，促进高铁物流业发展。以中老铁路建设为引领，加快实施云南与老挝互联互通规划，尽快建成中国—中南半岛经济走廊中线陆路大通道。

3. 加快边境物流通道建设

以共同打造"陆路黄金通道"为抓手，以边境口岸为依托，整合现有物流资源，积极建设物流通道，打造国际物流枢纽。深化实施贸易通道建设。加快友谊关口岸国际货物专用通道和浦寨—新清货物专用通道建设，尽快实现中越的客、货分流。推动有条件的沿边口岸发展成为以集聚和发散为主的沿边口岸中转枢纽，在现有综合保税区的基础上完善保税仓建设，加强沿边物流中心、基地建设。加强与沿边国家的协商合作，加快签署双边汽车运输协定，推进跨境运输车辆牌证互认，放宽直通业务车辆备案条件，为从事跨境运输的车辆办理出入境手续和通行提供便利和保障，促进货车跨境运输便利化通关的常态化。

4. 加快口岸基础设施建设

加强和完善边民互市点基础设施、城镇基础设施、园区基础设施和信息化基础设施建设，围绕提高口岸通关效率，加快贸易畅通和人员往来，加快提升口岸功能，重点加强一、二类口岸联检大楼、口岸验货场、仓储、货场、停车场、保税仓库、现代化口岸查验设施、网络通信设施等相关配套基础设施建设，完善口岸道路、水、电、垃圾和污水处理等设施，规划建设口岸货客运车辆专用通道。提升海关卡口查验设备和设施档次，加快建设电子口岸公共平台，推动电子化通关，推动在口岸建设国际贸易"单一窗口"，共享数据标准化，加快推进形成电子口岸跨部门共建、共管、共享机制。建设保税物流联网监管系统，对货物进、出、转、存情况进行实时、动态管理，提升口岸物流运作效率。完善口岸行政功能区、综合服务区、商贸区、进出口产品加工及仓储区布局。

5. 加快推动多式联运建设

首先，引导建设集货"无水港"，择优布局内陆无水港，重点考虑在中心城市、交通枢纽城市、物流交通城市、外向型经济活跃地区、边境口岸等地区科学布局内陆无水港物流节点。结合沿边国家及国内市场需求、西南腹地经济结构等，调整优化内陆无水港货物结构，并成立专门服务货运无水港的物流发展公司，在货物承接、业务培训、技术服务等方面与其他无水港城市实现全程一站式服务，激发内陆无水港活力。其次，加强多种运输方式衔接。整治恢复国际航运网，在协调完善快速铁路网、高速公路网等级公路网和区域通用机场网建设的同时，推进铁路与其他运输网络之间的重要衔接性项目建设，建成集约高效的多式联运综合交通方式，增强沿边开发开放发展的战略支撑力。加快铁路场站复合化提升改造，建设能力匹配的公路，打通物流园和开发区之间的铁路通道，换装设备，促进通关、换装多式联运有机衔接，提高货物中转的便捷性、兼容性和安全性。开展港口"最后一公里"建设专项行动，提高主要港口水铁联运比例，加大进港铁路专用线等配套设施建设，解决其集疏运建设"最后一公里"问题。规划新建若干通用机场，推动有条件的通用机场纳入全国通用机场建设。

（三）推进平台建设

立足边境地区资源禀赋和产业优势，统筹国内国外两个市场、两种资源，科学规划，合理布局，强化产业集聚，发挥载体和平台叠加功能优势，推进沿边地区的开发开放平台建设。

1. 做好城市布局

结合"一带一路"六大经济走廊建设，切实推进六大经济走廊——吉林的珲春、黑龙江的黑河和绥芬河、内蒙古的满洲里和二连浩特、新疆的霍尔果斯和塔城、西藏的吉隆、云南的瑞丽和磨憨、广西的东兴和凭祥等节点城市（口岸）建设；建设好"一带一路"的战略支点，做好城市布局，推动建设丹东、珲春、集安、抚远、同江、黑河、满洲里、二连浩特、霍尔果斯、喀什、塔城、吉隆、瑞丽、畹町、凭祥市、东兴市等沿边重点城市。

2. 提升沿边重点开发开放试验区发展水平

我国现有沿边重点开发开放试验区 7 个，运营良好，发展步伐逐渐加快。我们要加大力度推进试验区的建设，加快在体制机制、土地使用、人才引进等方面的体制机制创新和制度创新，加大支持力度，大胆探索、先行先试，提高试验区的发展水平。

3. 加快边境经济合作区的发展

1992 年以来，经国务院批准建设了 17 个边境经济合作区，对沿边经济发展起到了重要的推动作用。但经过多年的发展，有些边境经济合作区已经没有了发展空间，而有的需要扩区，有的需要置换区域，并且产业的发展也需要提质升级。同时，根据沿边地区的经济发展需要，有些地方也需要新建边境经济合作区。因此，要加快推进边境经济合作区建设，根据发展需要进行扩区、置区和新批。创新边境经济合作区的发展模式，如采取一区几园的方式；根据边境地区资源禀赋、优势特色产业、人力资源等，充分考虑沿边地区生态环境的重要性，强化产业聚集，引导加工制造业向园区集中，提升边境经济合作区的发展水平，要努力建设成为集边境贸易、加工制造、生产服务、物流采购、休闲旅游等功能于一体的沿边地区经济发展的引擎。深化园区与园区的合作，鼓励和支持边境地区与周边国家经济特区、产业园区开展跨国合作，探索跨境产业园区合作新模式和新机制。

4. 推进跨境经济合作区建设

我国边境地区获国家批准的边境经济合作区有两个，一个是霍尔果斯国际贸易中心，另一个是中老跨境经济合作区。其中霍尔果斯国际贸易中心已经运行几年。因此，我们要加快推进中哈霍尔果斯边境经济合作中心的建设，总结和借鉴霍尔果斯边境经济合作中心的管理经验和合作模式，进行推广。积极推动中越广西凭祥—同登跨境经济合作区、中蒙二连浩特—扎蒙乌得跨境经济合作区、中俄黑瞎子岛跨境经济合作区等跨境合作区建设的进展，适时启动其他具备条件跨境合作区的可行性研究。

5. 创新其他园区的跨境合作模式

依托沿边地区的各类产业园区，开展产业链上下游园区之间的跨境合作，探索边境地区产业园区与境外产业园区、境外经济合作区建立新的合作关系。鼓励边境地区进口加工园区与邻国能源资源富集地的产业园区开展跨境合作，建立境内外一体化上下游产业链分工合作体系。深化边境地区出口加工区与邻国的工业园区、物流、批发等园区跨境合作，推进境内外产销一体化。

6. 扩大境外经济贸易合作区建设

境外经济贸易合作区是我国与境外国家经济合作的重要平台，也是强化与周边国家利益融合、形成区域利益共同体的重要纽带。因此，我们要加快推进与周边国家境外经济贸易合作区建设，积极推动企业入区经营，形成我国企业在境外的集聚平台，实现与所在国的互利共赢。我们要积极完善周边国家境外合作区与边境地区的合作机制，发挥边境地区人才、语言、文化、区位等优势，推进边境地区参与周边国家境外经济贸易合作区建设。

（四）构建沿边特色产业链

支撑沿边地区经济发展的是产业。但由于沿边地区的条件所限，特色产业并没有形成。因此，要立足边境城市特色产业，依靠沿边省区中心城市、工业城市面向周边国家的优势产业，发挥资源和区位比较优势，构建具有特色的产业链。我国沿边地区自然资源富集，特别是矿产资源、农畜产品、旅游资源等极为丰富。

1. 建立加工业产业链

首先是能源资源加工。加快沿边地区能源资源开发利用，扩大与周边国家的能源资源合作与贸易规模，支持优势能源企业参与沿边地区和境外能源资源开发，鼓励中小企业和民间资本参与煤炭、矿产、原木贸易，加大油气、优质煤炭、电力、矿石、木材等能源资源产品的进口力度，依托资源进口通道大力发展沿边地区的能源资源深加工产业，建立境内外上下游产业互通、互动的周边能源资源合作机制，构建能源资源产业链。

其次是农业种植及加工产业链。沿边地区农业资源丰富，选择有条件的地区建设一批现代农业合作区。进一步加大基本农田和草原保护力度，建立国家优质棉基地（新疆）、畜产品基地、林果基地和国家粮食安全后备基地，保障粮食安全。积极发展沿边地区外向型特色农业和农产品深加工。利用我国的技术、资金优势和周边国家的资源优势，加强与周边国家在农业综合开发领域的合作，把国家援外项目与境外投资、农业合作结合起来，实行土地资源、作物栽培技术、农林牧品种等农业资源的区域性合作配置和优势互补，推进多边、双边农业经济技术合作，实现互利共赢。构建绿色农产品种植及加工产业链。

2. 发展以旅游为主导的产业链

边境及周边国家的旅游资源丰富，我们要大力发展以旅游为主导的产业链，包括休闲、养老、餐饮、娱乐等，开发具有边境地域特色、民族特点的旅游项目，办好民族风情节，提升文化旅游层次和水平。

3. 打造以商贸物流为主的服务产业链

在边境地区，依托区域中心城市、产业集聚区、货物集散地、交通枢纽等，建设一批集产品加工、包装、集散、仓储、运输等功能为一体的国际物流节点和配送中心、物流园区，鼓励和支持发展跨国商贸物流产业。大力发展沿边地区农产品集散地、批发中心、连锁经营，发展鲜活农产品配送系统。在条件成熟地区，以及在边境城镇建设农畜产品、中药材、建材、小商品等特色商品交易市场，形成辐射周边的区域性商品集散市场。加快沿边地区银行、保险、证券、期货、金融租赁等金融服务业发展，鼓励金融机构调整和优化网点布局，加强边境城市和口岸金融服务网点建设，增强中心城市金融业对边境城镇的辐射力和影响力，形成以商贸物流为主的服务业产业链。

（五）加快人才引智建设

人才是沿边地区经济发展的关键，加快培养和引进开放型人才，既要加强本地人才的教育培训，又要积极引进先进地区及海外高层次人才和专家，围绕产业布局，扎实推进人才的培养、引进、流动和使用，形成人才集聚区，打造"人才小高地"。制订开放型人才引进培育政策，在平台建设、人才管理、待遇分配、创业基金、服务保障等方面探索并实施先行先试。

进一步整合优化沿边地区行政、事业机构设置，合理配置编制资源，完善干部职工工资待遇政策，争取获中央批准逐步提高沿边地区财政供养人员津贴补贴标准。要综合用好国家和地方对艰苦边远地区考试录用公务员、公开招聘事业单位工作人员的倾斜照顾性政策措施，进一步解决沿边地区的"招人难"问题。沿边地区要进一步落实提高基层待遇的各项政策，所招录的公务员符合当地人才引进政策条件的，可由当地出台具体办法，使其享受当地人才引进优惠政策。年度机关绩效奖励、考核评优、表彰奖励等向沿边地区基层公务员倾斜，支持沿边县（市、区）党委、政府申报设立评比达标表彰项目。继续加大招募"三支一扶"大学生的力度，在指标分配上向沿边地区倾斜，并提高相关待遇。

建设沿边国际学校（或国门学校），培养适应沿边开发开放的专业人才。加快发展职业教育，促进沿边劳动力自由流动。在沿边地区引进职业教育和培训机构，建立面向沿边国家的国际教育中心，鼓励沿边地区国家的学生到沿边地区就读，提高劳动力素质，培养相关就业技能。允许中国及沿边国家劳动力到跨境经济合作区就业，促进沿边国家劳动力在跨境经济合作区内自由流动。

（六）提供政策支持

1. 探索创新贸易发展模式

在边境地区，特别是有自贸试验区的4个边疆省区，应该以自贸试验区为统领，扩大对外开放，大胆闯、大胆试，探索边疆地区的经济发展模式，放开对外资领域的一些限制，在自贸试验区内进行先行先试；全面落实《国务院办公厅关于促进边境贸易创新发展的指导意见》，支持边民通过互市贸易进口周边国家商品，并允许边疆地区的加工企业进行加工，放宽沿边地区企业进口邻国资源类商品资质条件，扩大边境贸易进口商品的种类，增加企业进口商品配额等。大力发展具有特色、优势的当地产业，扩大边民就业渠道，加大支持力度，继续通过边境地区转移支付支持边境贸易发展和边境小额贸易企业能力建设。加大对边境贸易创新发展的支持力度，提高资金使用效益。加快促进边境贸易与跨境旅游、跨境加工、跨境金融、跨境电商、跨境物流相结合，推进边境贸易转型升级。

2. 完善边民互市贸易政策

加快修订《边民互市贸易管理办法》，明确互市贸易范围、形式、交易主体、交易地点、交易模式和监管方式；加快出台《边民互市贸易进口商品负面清单》，动态调整互市贸易进出口商品不予免税清单。加强对互市贸易多元化发展相关试点工作的监管。规范边民互市贸易资格认定，鼓励边民互市贸易模式创新，切实将边民互市优惠政策落到实处。深化边民互市贸易改革，以边民互助组或合作社的集体形式作为互市的综合体向海关进行申报，充分释放互市政策的"集合"效应。完善边民互市贸易，鼓励沿边地区设立加工厂，将互市商品直接落地加工，扶持沿边地区贸易加工产业发展。对边民互市交易实施信息化管理，提高互市贸易的安全性，促进互市的规范化、便捷化，进而实现"小商品大市场"。

3. 完善投融资政策

缩减政府核准投资项目范围，精简前置审批，规范中介服务，实施企业投资项目网上并联核准制度，建立健全投资项目纵横联动协同监管机制。鼓励银行业将沿边地区列为业务发展和信贷支持重点区域，在贷款利率、资源配置等方面给予倾斜。扩大民间资本市场准入范围，探索建立PPP模式，鼓励社会资本支持沿边地区的基础设施建设、水利建设和新农村建设等。引导企业探索建立"非资金回报"模式，采取"项目＋资源""项目＋土地""项目＋特许经营权"等投资模式，实现对互联互通项目的共建、共管、共受益。创新产业投资方式，探索建立产业引导投资基金，以市场化方式引导社会资本投资新兴产业。

4. 完善财政税收政策

抓住东部沿海地区加工贸易向中西部转移的机遇，加大财政对加工贸易产业发展的扶持力度。研究设立可循环使用的外贸和跨境电商公共服务平台资金池，解决外贸、跨境电商企业发展的瓶颈问题。推动建立政府引导、社会参与、市场化运作的各类投资基金，支持重大产业项目落户。通过项目资金补助、"以奖代补"、贷款贴息、竞争性资金分配等多种方式，支持重点园区、重点产业、重大项目建设。积极争取亚洲基础设施投资银行、开发性国家金融机构等对沿边基础设施、产业合作等重大项目、重大工程建设的资金支持。

Thoughts and Suggestions on the Development and Opening – up of Border Regions of China in a New Era

Li Guanghui　Wang Rui

Abstract　Since entered into a new era, the Party Central Committee of

China has beenpaying great attention on the development of border regions. With a series of official documents related to the development of border regions issued by the State Council, for the very first time, we have made a strategic layout tailored for the economic and social development of border regions, and also for the very first time, we have constructed and improved a whole set of policy system of border regions. All these major achievements will contribute to building a moderately prosperous society in all respects, promoting "the Belt and Road" Initiative, and deepening the economic and trade relationships with neighboring countries. It will also help boost development in the border regions to benefit the local people and promote coordinated development across these regions. Facing with new challenges, in order to achieve new developments of border regions and create a new landscape in all – around opening – up, we should seize new opportunities, deploy new methods to construct an open economic system in border regions, pursue new international economic cooperation modes and cultivate new advantages of opening – up and development in border regions.

Key Words Border Regions; New Era; New Opportunities; New Methods; New Development

Authors Li Guanghui, Guangxi Research Institute for Innovation and Development of Guangxi University, Academic President, Ph. D. , an expert designated with special allowances by the State Council; Wang Rui, University of International Business and Economics, Ph. D. Candidate.

国别研究
Country Studies

银行间市场系统风险传染效应
——来自印度尼西亚银行业的实证分析*

谭春枝　邓清芸　赵　靖

【摘要】本文选取印度尼西亚 87 家上市银行 2010～2016 年的同业拆借等数据，运用最大化熵原理构建了动态的印度尼西亚银行间市场网络结构，并在此基础上分析了银行系统风险传染效应。实证结果表明：①最易引发风险传染的银行都是国有商业银行，其中排第一位的是Bank Mandiri（Persero）Tbk；②在发生风险传染的年份，区域发展银行 PT Bank DKI 和海外银行 Deutsche Bank Ag Indonesian 最易因风险传染而倒闭，因此是"系统脆弱性银行"；③2010～2013 年，风险传染效应各不相同，2014～2016 年系统不会发生风险传染，从总体上看，印度尼西亚银行系统风险传染效应逐年下降，银行体系趋于稳健。高效的外部监管机构、健全的银行监管法规、严格的银行资本金制度、细致的危机管理协议以及完善的银行退出机制是印度尼西亚银行体系趋于稳健的重要原因。

【关键词】印度尼西亚；系统风险；银行间市场；传染效应

【基金项目】国家自然科学基金项目"基于复杂网络理论的银行间市场流动性风险传染机制及其免疫策略研究"（71463003）；广西大学中国—东盟研究院科研项目"印度尼西亚银行间市场系统风险传染机制及其免疫策略——基于复杂网络理论的研究"（BG201501）。

---

* 此文的精简版已在《广西民族大学学报》2019 年第 3 期发表，经作者同意，本刊全文刊发。

【作者简介】谭春枝，广西大学中国—东盟研究院，广西大学商学院，教授，博士；邓清芸，广西大学商学院，硕士研究生；赵靖，广西绿城水务股份有限公司，经济师，硕士。

根据国际清算银行（1994）的定义，银行系统风险是指一个银行倒闭可能会导致其他银行违约进而因连锁反应导致更广泛的金融困境的风险。一家银行因外生性原因倒闭，其负面影响很容易通过银行间市场的信用渠道引起连锁反应，并随着每一轮的传染而不断增强，从而出现乘数效应，给更多其他机构带来困境甚至是破产。当系统风险累积到一定程度时，系统性危机便会爆发。2008 年的国际金融危机，就是缘于美国本土的次级抵押贷款机构的破产危机，通过全球金融机构间的信用渠道传染至全球主要国家，最终导致其金融机构遭受重创。

印度尼西亚（以下简称"印尼"）是东盟最大的经济体，是东盟地区最具发展潜力的国家之一。1997 年亚洲金融危机之前，印尼政府对银行业进行自由化改革，但未对相应的监管体制进行系统性的完善，最终导致印尼银行业在亚洲金融危机中遭受重创；亚洲金融危机之后，印尼政府对银行业进行大刀阔斧的整顿和重组，经过不断的改革，印尼银行业逐渐步入正轨，银行体系日趋合理，各项风险和收益指标达到稳健水平，同时也建立了相对完善的危机应对机制。因此，在 2008 年的国际金融危机和随后的欧债危机中，印尼银行业表现出较好的适应性和抗风险能力。但是，印尼银行业依然存在诸多风险隐患，如银行业成本收入比远高于 45% 的合理值，2011 年超过 85%，利润总额较低，经营效率不高，竞争能力较弱[①]；同时，印尼银行业不良贷款率虽低于安全监管标准，但其绝对额相对较高，世界三大评级机构 2013 年初也曾警告印尼银行业的信贷风险上升等。那么，经历了戏剧性的"繁荣—崩溃—重建"之后的印尼银行体系的稳健性到底如何？印尼商业银行诸多的风险隐患是否会引发银行系统风险及其在银行间市场的广泛传播？在印尼银行体系中，哪些银行对风险的传染起到关键的作用？哪些银行又最有可能因风险的传染而倒闭？对于这些问题的回答，不但有利于印尼银行业风险传染的防控，还有利于东盟区域内的

---

① 谭春枝、金磊：《中国与印度尼西亚商业银行发展比较研究》，《广西大学学报》（哲学社会科学版）2014 年第 36 卷第 1 期，第 1－7 页。

金融稳定，进而有利于中国—东盟区域经济金融合作的发展。本文其他的内容做如下安排：第一部分是文献综述；第二部分是理论分析；第三部分是实证分析；第四部分是原因分析；第五部分是结语。

一、文献综述

银行间市场系统风险的传染一直备受各界关注，2008 年国际金融危机的爆发更是增加了国内外学者对其进行研究的兴趣。对这些研究成果进行梳理，可将其归结为相关理论研究和实证研究两大类。

（一）相关理论研究

绝大部分理论研究将复杂网络理论用于银行间市场的风险传染，从统计物理学的角度分析银行复杂网络的拓扑结构与网络属性对风险传染的影响等。许多学者都是首先构建一个随机银行网络模型，然后在此基础上进行分析。Aleksiejuk 和 Holyst（2001）[①] 是较早从事这方面研究的学者，他们在有向随机银行网络模型的基础上研究某个银行倒闭会引起多少其他银行倒闭。Glasserman（2015）[②] 构建了一个基于随机银行网络结构的传染模型，研究发现虽然更高程度的金融联系能降低传染的可能性，但给定一个具有严重传染性的违约，更高的复杂网络关联度将会导致广泛的传染。Iori 等（2006）[③]、Nier（2007）[④]、Eboli（2007）[⑤] 以及 May 和 Arinaminpathy（2010）[⑥] 等也

[①] Aleksiejuk, A. and Holyst, J. A., "A Simple Model of Bank Bankruptcies", *Physica a Statistical Mechanics & Its Applications*, Vol. 299, No. 1, 2001, pp. 198 – 204.

[②] Glasserman, P., "Contagion in Financial Networks", *Proceedings Mathematical Physical & Engineering Sciences*, Vol. 466, No. 2120, 2015, pp. 2401 – 2423.

[③] Iori, G., Jafarey, S. and Padilla, F. G., "Systemic Risk on the Interbank Market", *Journal of Economic Behavior & Organization*, Vol. 61, No. 4, 2006, p. 542.

[④] Nier, E., "Network Models and Financial Stability", *Journal of Economic Dynamics and Control*, Vol. 31, No. 6, 2007, pp. 2033 – 2060.

[⑤] Eboli, M., "Systemic Risk in Financial Networks: A Graph – theoretic Approach", Working Paper, 2007.

[⑥] May, R. M. and Arinaminpathy, N., "Systemic Risk: The Dynamics of Model Banking Systems", *Journal of the Royal Society Interface*, Vol. 7, No. 46, 2010, pp. 823 – 838.

进行了类似研究。有一部分学者基于无标度①网络模型进行相关研究。Krause 和 Giansante（2012）② 建立了一个有向无标度网络模型，研究银行破产的传导机理，并得出初始破产银行的规模对于危机是否扩散是一个重要因素。隋聪等（2014）③、王晓枫等（2015）④、Yao（2017）⑤ 也做了类似研究。还有部分学者基于不同的复杂网络模型进行比较研究。Gai 等（2011）⑥ 分别构建了无标度银行网络和随机银行网络模型，通过数值模拟论证了在无担保的银行间市场，回购市场业务，贬值冲击和流动性积聚都很可能会扩大危机的蔓延，并导致系统崩溃。李守伟与何建敏（2012）⑦、Vanessa 等（2015）⑧ 以及 Zhang 等（2017）⑨ 等也进行了相关研究。

除了利用复杂网络理论进行理论研究，有少部分学者仅从经济学角度对银行间市场风险传染进行分析，早期学者首推 Allen 和 Gale（2000）⑩，他们构建了三种包含四个银行的网络结构，开创性地探讨了银行间市场的风险传染问题。Seung（2013）⑪ 在 Allen 和 Gale（2000）的基础上构建六种只包含四个银行的不同同业网络结构来分析流动性风险的系统性特征。

---

① 即网络节点的度遵循幂律分布。

② Krause, A. and Giansante, S., "Interbank Lending and the Spread of Bank Failures: A Network Model of Systemic Risk", *Journal of Economic Behavior & Organization*, Vol. 83, No. 3, 2012, pp. 583 – 608.

③ 隋聪、迟国泰、王宗尧：《网络结构与银行系统性风险》，《管理科学学报》2014 年第 4 期，第 61 – 74 页。

④ 王晓枫、廖凯亮、徐金池：《复杂网络视角下银行同业间市场风险传染效应研究》，《经济学动态》2015 年第 3 期，第 73 – 83 页。

⑤ Yao, D., "Research on Liquidity Risk Contagion Mechanism Based on Interbank Networks", *Journal of Anhui University (Philosophy and Social Science Edition)*, No. 4, 2017, pp. 130 – 137.

⑥ Gai, P., Haldane, A. and Kapadia, S., "Complexity, Concentration and Contagion", *Journal of Monetary Economics*, Vol. 58, No. 5, 2011, pp. 453 – 470.

⑦ 李守伟、何建敏：《不同网络结构下银行间传染风险研究》，《管理工程学报》2012 年第 4 期，第 71 – 76 页。

⑧ Vanessa, H. D. Q., Juan, C. G. A. and José, R. I., "Credit Risk in Interbank Networks", *Emerging Markets Finance and Trade*, No. 51, 2015, pp. 27 – 41.

⑨ Zhang, M., He, J. and Li, S., "Interbank Lending, Network Structure and Default Risk Contagion", *Physica A: Statistical Mechanics and its Applications*, No. 493, 2017, pp. 203 – 209.

⑩ Allen, F. and Gale, D. M., "Financial Contagion", *Journal of Political Economy*, Vol. 108, No. 1, 2000, pp. 1 – 33.

⑪ Seung, H. L., "Systemic Liquidity Shortages and Interbank Network Structure", *Journal of Financial Stability*, Vol. 9, No. 1, 2013, pp. 1 – 12.

此外，还有 Freixas 等（2000）①、Diamond 和 Rajan（2005）② 等也从该角度做了相应的分析。

（二）相关实证研究

相关实证研究主要集中于利用复杂网络理论对某国银行间市场风险传染问题进行探讨。在进行此类实证研究时，需要银行同业双边交易数据，但该类数据一般不具有可得性，因此，许多学者利用已有的数据并结合最大化熵原理，来估计银行双边风险敞口，在此基础上对某国银行系统风险传染进行实证研究，如 Upper 和 Worms（2004）③ 利用该方法对德国银行的双边交易进行估算，并在此基础上对银行间市场系统风险传染进行研究；Degryse 和 Nguyen（2007）④ 也利用此方法对比利时银行系统的风险传染进行研究；吴念鲁等（2017）⑤ 利用最大化熵方法估算 94 家商业银行双边同业数据，以此来构建我国银行同业网络，研究不同冲击下银行同业间流动性风险的传染机制。此外，Elsinger 等（2006）⑥ 对奥地利、Becher 等（2008）⑦ 对英国、Müller（2004）⑧ 对瑞士、Lelyveld 和 Liedorp（2006）⑨

① Freixas，X.，Parigi，B. and Rochet，J.，"Systemic Risk，Interbank Relations and Liquidity Provision by the Central Bank"，*Journal of Money*，*Credit and Banking*，Vol. 32，No. 3，2000，pp. 611 – 640.

② Diamond，D. W. and Rajan，R. G.，"Liquidity Shortages and Banking Crises"，*Journal of Finance*，Vol. 60，No. 2，2005，pp. 615 – 647.

③ Upper C. and Worms A.，"Estimating Bilateral Exposures in the German Interbank Market：Is there a Danger of Contagion?"，*European Economic Review*，Vol. 48，No. 4，2004，pp. 827 – 849.

④ Degryse，H. and Nguyen，G.，"Interbank Exposures：An Empirical Examination of Contagion Risk in the Belgian Banking System"，*Social Science Electronic Publishing*，Vol. 3，No. 2，2007，pp. 123 – 171.

⑤ 吴念鲁、徐丽丽、苗海宾：《我国银行同业之间流动性风险传染研究——基于复杂网络理论分析视角》，《国际金融研究》2017 年第 7 期，第 36 – 45 页。

⑥ Elsinger，H.，Lehar，A. and Summer，M.，"Risk Assessment for Banking Systems"，*Management Science*，Vol. 52，No. 9，2006，pp. 1301 – 1314.

⑦ Becher，C.，Millard，S. and Soramäki，K.，"The Network Topology of Chaps Sterling"，*Bank of England Quarterly Bulletin*，No. 355，2008.

⑧ Müller，J.，"Assessing the Potential for Contagion in the Swiss Interbank Market"，Working Paper，Swiss National Bank，2004.

⑨ Van Lelyveld，I. and Liedorp，F.，"Interbank Contagion in the Dutch Banking Sector：A Sensitivity Analysis"，*International Journal of Central Banking*，Vol. 2，No. 2，2006.

对荷兰、Cocco 等（2009）[①] 对葡萄牙、马君潞等（2007）[②] 和冯超等（2015）[③] 对中国、Leonidoy 等（2016）[④] 对俄罗斯以及 Silva 等（2018）[⑤] 对巴西的银行间市场系统风险传染进行了类似研究。有少部分学者如 Mistrulli（2011）[⑥] 和 Memmel 等（2012）[⑦] 分别利用意大利和德国真实的同业双边数据对其银行系统风险传染进行实证分析。

（三）文献述评

从现有文献看，大部分研究集中在理论方面。这些研究成果虽能在一定程度上反映银行系统风险传染的共性，但对某一具体的国家而言，其针对性并不强，不能深入反映某国银行系统风险传染的详细状况，因而也不能对该国银行间市场系统风险的防控提供较好的借鉴或指导。与此同时，虽然有部分文献对具体国家的银行系统风险的传染做了实证分析，但很多只是基于某个时点的数据去研究银行间市场系统风险的传染效应，而没有构建银行间市场的动态网络，并在此基础上研究系统风险传染的动态演化机制，更为重要的是针对印尼银行系统风险传染效应的实证研究目前尚未发现。印尼是东盟最大的经济体，其银行体系的稳定与否不但对印尼国内的发展至关重要，也对东盟地区的经济发展及中国—东盟区域经济金融合作产生了重要影响。因此，加强对印尼银行系统风险传染效应的研究具有重要意义。

---

① Cocco, J. O. F., Gomes, F. J. and Martins, N. C., "Lending Relationships in the Interbank Market", *Journal of Financial Intermediation*, Vol. 18, No. 1, 2009, pp. 24 – 48.

② 马君潞、范小云、曹元涛：《中国银行间市场双边传染的风险估测及其系统性特征分析》，《经济研究》2007 年第 1 期，第 69 – 79 页、第 143 页。

③ 冯超、王银：《我国商业银行系统性风险处置研究——基于银行间市场网络模型》，《金融研究》2015 年第 1 期，第 166 – 176 页。

④ Leonidoy, V. A., et al., "Default Contagion Risks in Russian Interbank Market", *Physica A: Statistical Mechanics and its Applications*, Vol. 451, 2016, pp. 36 – 48.

⑤ Silva, T. C., Alexandre, M. D. S. and Tabak, B. M., "Bank Lending and Systemic Risk: A Financial – Real Sector Network Approach with Feedback", *Journal of Financial Stability*, Vol. 38, 2018, pp. 98 – 118.

⑥ Mistrulli, P. E., "Assessing Financial Contagion in the Interbank Market: Maximum Entropy Versus Observed Interbank Lending Patterns", *Journal of Banking & Finance*, Vol. 35, No. 5, 2011, pp. 1114 – 1127.

⑦ Memmel, C. and Sachs, A., "Contagion in the Interbank Market and its Determinants", *Social Science Electronic Publishing*, Vol. 9, No. 1, 2012, pp. 46 – 54.

二、理论分析

（一）银行间市场网络结构

银行间市场网络结构缘于银行间复杂的债权债务关系，每个银行代表一个网络节点，各节点通过银行间未担保的同业业务而进行连接。如果两个银行相互进行同业拆借，那么这两个银行节点之间的连接是双向的，否则就是单向的。某一个银行因外生性冲击而破产倒闭，它会因未能偿还债权银行的未担保债权而给债权银行造成损失。如果债权银行的资本金充足，其依然能正常经营；如果债权银行的资本金在吸收损失后低于法律规定的额度，那么该银行会因此而陷入困境，而这又有可能导致其债权银行陷入危机，从而引发系统风险的传染。在风险传染过程中，因银行间未担保债权债务关系而形成的市场网络结构扮演了重要角色。由于银行不会公布其具体的同业交易对手及交易金额，因此为了建立银行间市场网络结构，需对银行间未担保债权债务的额度进行估计。借鉴 Upper 和 Worms（2004）①、Shin（2008）②、Memmel 和 Sachs（2012）③、Castrén 和 Rancan（2014）④ 以及 Nikos 等（2015）⑤ 的做法，本文采用最大熵原理⑥来估计这

① Upper C. and Worms A. , "Estimating Bilateral Exposures in the German Interbank Market：Is there a Danger of Contagion?", *European Economic Review*, Vol. 48, No. 4, 2004, pp. 827 – 849.

② Shin, H. S. , "Risk and Liquidity in a System Context", *Journal of Financial Intermediation*, Vol. 17, No. 3, 2008, pp. 315 – 329.

③ Memmel, C. and Sachs, A. , "Contagion in the Interbank Market and its Determinants", *Social Science Electronic Publishing*, Vol. 9, No. 1, 2012, pp. 46 – 54.

④ Castrén, O. and Rancan, M. , "Macro – Networks：An Application to Euro Area Financial Accounts", *Journal of Banking & Finance*, Vol. 46, 2014, pp. 43 – 58.

⑤ Nikos, P. , Dimitrios, G. , Renatas, K. and Yiannis, K. , "Transmission Channels of Systemic Risk and Contagion in the European Financial Network", *Journal of Banking & Finance*, Vol. 61, No. 12, 2015, pp. 36 – 52.

⑥ 最大熵原理（Principle of Maximum Entropy）早期主要应用于信息科学。在信息学中，熵是对不确定性的一种度量，即已知信息量越大，不确定性越小，熵的值亦越小；已知信息量越小，则不确定性越大，那么熵的值就会越大。应用于数学当中可表达为，在熵值最大的时候，随机变量具有最大的不确定性，因此最大熵原理的核心思想是：当只掌握关于随机变量分布的部分信息时，应选取满足这些信息但是熵值最大的概率分布。

些缺失的数据，囿于篇幅的限制，本文不再对最大化熵方法进行赘述，详情可见 Nikos 等（2015）。

（二）风险传染机理

银行破产会通过银行间市场尤其是未担保银行间市场传染到其他银行。当一家银行因外生性冲击而面临破产清算时，银行将收回给予其他银行的贷款及给予客户的贷款且假设银行只能收回部分资金。这些收回的资金和现金储备一起分配给债权人，其中第一存款人被偿还，其余的资金被用来支付银行未担保同业负债。如果不是所有的银行未担保同业负债都能被满额偿还，则假设所有同业负债被偿还的比例是相同的。如果银行同业负债无法全额归还，那么债权银行将会面临损失，这个损失将会减少该贷款银行的资本金。当吸收损失后的一级资本金的充足率低于监管机构的最低要求时[①]，该银行面临破产，具体见式（1）[②]。

$$\frac{E_i - \sum_j \beta_{ij} \times w_{ij} \times d}{RWA_i - t \sum_j (w_{ij} \times d)} < 6\% \tag{1}$$

其中，E_i 表示银行 i 的一级资本；β_{ij} 表示银行 j 倒闭给银行 i 的未担保同业资产带来的违约损失率；w_{ij} 表示银行 i 对银行 j 的未担保同业资产；d 是虚拟变量，当 $d = 0$ 时，表示该银行未受风险传染的影响，当 $d = 1$ 时，表示该银行受到风险传染的影响，未担保同业资产遭受损失；RWA_i 表示银行 i 总的风险加权资产；t 表示银行 i 对未担保同业资产赋予的风险权重，根据《巴塞尔协议 III》及印尼央行的规定，t 的取值为 0.2。

若一家银行在几家银行都有同业资产，那么由这几家银行引发的损失会被累积起来，因此可能不是一家银行的破产造成另外一家银行的破产，而是几家破产银行所带来的累积损失造成的。具体传染过程如下：

第一轮传染。设银行 j 因外生性原因而倒闭，其未能全额偿还债权银行 i 和银行 k 贷给它的同业未担保资金，那么银行 i 和银行 k 的资本金因吸收同业损失而下降。如银行 k 的资本金很充足，吸收损失后其一级资本充

[①] 假设此时银行未能获得资金以充实资本金，同时也假设不存在金融监管机构的救助行为。

[②] 根据《巴塞尔协议 III》的规定，全球各商业银行的一级资本充足率必须达到 6%。

足率依然大于或等于6%，那么银行k还是健康的，但如果银行i的一级资本充足率小于6%（具体见式（2）），那么银行i会面临倒闭，至此第一轮传染结束。

$$\frac{E_i - \beta \times w_{ij}}{RWA_i - 0.2 \times w_{ij}} < 6\% \tag{2}$$

其中，β表示违约损失率，假设风险传染中各银行的违约损失率都一样。

第二轮传染。在第一轮风险传染中倒闭的银行i也会给其债权银行k和银行s的未担保同业资产带来损失，分别为βw_{ki}和βw_{si}。由于在第一轮传染中，银行k因为银行j的倒闭而损失的未担保同业资产为βw_{kj}，所以在本轮风险传染中，银行k因吸收银行j和银行i倒闭带来的未担保同业资产损失而下降的资本金为$\beta w_{kj} + \beta w_{ki}$，此时如果银行k的一级资本充足率满足式（3），那么银行k也会面临倒闭。而对于银行s来说，因其资本金吸收同业资产损失后还很充足，所以依然健康。至此，第二轮传染结束，银行k倒闭。

$$\frac{E_k - \beta \times (w_{kj} + w_{ki})}{RWA_k - 0.2 \times (w_{kj} + w_{ki})} < 6\% \tag{3}$$

第三轮传染。在第二轮传染中倒闭的银行k给其债权银行s带来的同业资产损失为βw_{sk}。如果银行s的资本金非常充足，在吸收了总额为$\beta w_{si} + \beta w_{sk}$的同业未担保资产的损失后，其一级资本充足率依然大于6%，那么银行s依然不会倒闭。如果没有新的银行因为银行k的倒闭而倒闭，那么银行j因外生性原因倒闭所带来的风险传染就此结束。

三、印度尼西亚银行间市场系统风险
传染效应的实证分析

（一）数据及样本选择

为研究印尼银行间市场的传染效应，本文需要以下数据：①两两银行间未担保同业拆借金额（即w_{ij}）。本文在银行未担保同业资产（即A_i）和负债（即L_i）① 的基础上，利用最大熵原理估计出双边未担保同业拆借头寸。②印尼各银行一级资本（即E_i）和风险加权资产（即EWA_i）。相关数据来源于 BvD 数据库。③印尼银行业总资产和总负债。相关数据来源于印尼央行公布的银行业年度统计报告。④债务银行违约损失率（即 β）。本文假设违约损失率从 0.1 开始，以 0.05 的刻度增加。

本文实证的时间区间为 2010～2016 年。考虑到数据的可得性，本文选择 BvD 数据库中 2016 年全部的商业银行作为初始样本，剔除 2010 年或 2011 年数据不完整的 13 家银行，最终得到 87 家样本银行，涵盖了国有商业银行、民营商业银行及区域发展银行等，其资产占印尼商业银行总资产的 93%～95%，银行数量占印尼商业银行总数量的 71%～75%（具体见附件一），因此样本银行具有代表性。

（二）实证结果及其分析

1. 具有传染效应的银行

在所构建的 7 个银行间市场网络结构的基础上，令 87 家银行中的每一家作为触发银行，分别假设其因外生性原因而倒闭，来模拟每一家触发银行所引发的违约风险及其在银行间市场的传染。2010 年有 13 家银行触发可引起风险传染；2011 年有 12 家银行触发可引起风险传染；2012 年和 2013 年分别只有 1 家银行具有传染效应；2014～2016 年没有银行具有风险传染效应，如表 1、表 2 所示。表 3 列出了银行代码及其对应的银行名称和银行类型。从表 1、表 2 及表 3 还可看出，2010 年，最易引发风险传染的银行是 Bank Mandiri（Persero）Tbk，当损失率为 0.25 时，其因外生性原因倒闭就会引发区域发展银行 PT Bank DKI（代码 B71）和海外银行 Standard Chartered Bank Indonesia（代码 B81）的倒闭；其次是国有商业银行 Bank Rakyat Indonesia（Persero）Tbk（代码 B10），当损失率为 0.35 时，其倒闭同样会引发 PT Bank DKI 和 Standard Chartered Bank Indonesia 的倒闭。2011 年，最易引发风险传染的银行也是 Bank Mandiri（Persero）Tbk，当损失率为 0.15 时，其倒闭会引发 PT Bank DKI 的倒闭；其次是国有商业银行 Bank Negara Indonesia（Persero）Tbk，Pt。由此可见，从 2010 年到 2013 年，

---

① 未担保同业资产和负债可以从印尼各银行年报和 BvD 数据库中获取。

最易引发系统风险传染的银行都是国有商业银行，其中排第一位的是 Bank
Mandiri（Persero）Tbk，其次是 Bank Negara Indonesia（Persero）Tbk，Pt 和
Bank Rakyat Indonesia（Persero）Tbk。

表1　2010 年和 2011 年印尼银行系统风险传染状况

触发银行代码	2010 年		2011 年	
	倒闭银行代码	引发银行倒闭的最低损失率	倒闭银行代码	引发银行倒闭的最低损失率
B4	B71、B78	0.6	B71	0.4
	B61	0.95	B78	0.6
B8	B71、B78	0.5	B71	0.25
	B61	0.9	B78	0.4
B10	B71、B78	0.35	B71	0.35
	B61	0.75	B78	0.6
B13	B71、B78	0.9	B71	0.55
			B78	0.85
B16	B71、B78	0.6	B71	0.3
	B61	0.95	B78	0.5
B20	B71、B78	0.25	B71	0.15
			B78	0.2
	B61	0.65	B47	0.65
			B2	0.85
B22	—	—	B71	0.85
B33	B71、B78	0.65	B71	0.3
			B78	0.50
B35	B71、B78	0.5	B71	0.3
	B61	0.9	B78	0.50
B46	B71、B78	0.65	B71	0.55
			B78	0.85
B49	B71、B78	0.75	—	—
B78	B71	0.4	B71	0.35
B81	B71、B78	0.7	B71	0.85

表2　2012～2016年印尼银行系统风险传染状况

年份	触发银行代码	倒闭银行代码	引发银行倒闭的最低损失率
2012	B20	B78	0.45
		B55	0.55
2013	B20	B78	0.65
2014	—	—	—
2015	—	—	—
2016	—	—	—

表3　部分银行代码、名称及分类

代码	名称	分类	代码	名称	分类
B2	Bank MNC Internasional Tbk., PT	民营商业银行	B35	Bank Pan Indonesia Tbk PT – Panin Bank	民营商业银行
B4	PT Bank Central Asia Tbk	民营商业银行	B46	Bank DBS Indonesia	民营商业银行
B8	Bank Negara Indonesia (Persero) Tbk, Pt	国有商业银行	B47	PT Bank Muamalat Indonesia Tbk	民营商业银行
B10	Bank Rakyat Indonesia (Persero) Tbk	国有商业银行	B49	PT Bank Mizuho Indonesia	民营商业银行
B13	Bank Danamon Indonesia Tbk	民营商业银行	B55	Bank BNP Paribas Indonesia PT	民营商业银行
B16	PT BPD Jawa Barat dan Banten Tbk	区域发展银行	B61	PT Bank Syariah Bukopin	民营商业银行
B18	Bank QNB Indonesia Tbk., PT	民营商业银行	B71	PT Bank DKI	区域发展银行
B20	Bank Mandiri (Persero) Tbk	国有商业银行	B78	Deutsche Bank Ag Indonesian Branches	海外银行
B22	PT Bank CIMB Niaga Tbk	民营商业银行	B81	Standard Chartered Bank Indonesia	海外银行
B33	Bank Mega TBK	民营商业银行			

2. 因风险传染而倒闭的银行

虽然在2010～2013年每年均有风险传染现象，但因风险传染而倒闭的银行数量并不多，具体见表 1 和表 2。2010 年最多只有 3 家银行会因风险传染而倒闭；2011 年最多有 4 家银行会因风险传染而倒闭；2012 年会引起 2 家银行倒闭；2013 年则只有 1 家银行会因风险传染而倒闭；2014～2016 年则没有银行倒闭。在这些因风险传染而倒闭的银行中，海外银行 Deutsche Bank Ag Indonesian Branches（代码 B78）在 2010～2013 年均会因风险传染而倒闭；区域发展银行 PT Bank DKI（代码 B71）在 2010 年和 2011 年会因风险传染而倒闭；3 家民营商业银行 PT Bank Syariah Bukopin（代码 B61）、PT Bank Muamalat Indonesia Tbk（代码 B47）及 Bank MNC Internasional Tbk.，PT（代码 B2）各倒闭一次。

3. 系统重要性银行

从 2010 年至 2013 年都具有传染效应的银行是国有商业银行 Bank Mandiri（Persero）Tbk，而且其引发倒闭的银行数最多，也最易引发其他银行倒闭[1]。如 2011 年 Bank Mandiri（Persero）Tbk 最多能引发 5 家银行倒闭，在违约损失率为 0.15 时就能引起 PT Bank DKI 倒闭，具体见表 1。Bank Mandiri（Persero）Tbk 资产规模巨大，同业业务占比高，在印尼银行业中均排前列，见表 4。据《巴塞尔协议Ⅲ》的定义[2]，Bank Mandiri（Persero）Tbk 为印尼系统重要性银行，监管机构应对其提出更高的监管要求。

表 4　Bank Mandiri（Persero）Tbk 资产及同业业务在印尼银行业中的占比和排序

年份	总资产		同业资产		同业负债	
	占比（%）	排序	占比（%）	排序	占比（%）	排序
2010	14.72	第一	8.93	第一	4.57	第一
2011	14.88	第一	11.60	第二	5.41	第一
2012	14.68	第一	10.48	第二	10.44	第一
2013	14.57	第一	11.45	第二	10.57	第一
2014	14.99	第一	11.74	第二	12.99	第一
2015	14.68	第一	7.54	第二	7.7	第一
2016	15.18	第一	9.13	第一	5.43	第二

资料来源：据银行年报及央行各年报告计算得出。

---

[1]　因为其引发其他银行倒闭的临界违约损失率最低。

[2]　将那些规模大，与其他银行关联度高，且发生损失会将风险传染给其他银行的机构定义为系统重要性银行。

4. 系统脆弱性银行

系统脆弱性银行指易受到风险传染而陷入困境的银行。本文借鉴 Chan – Lau J. 等（2009）[1] 的做法，使用风险率[2]作为判断银行脆弱性的依据。在有风险传染效应的 2010 年至 2013 年，风险率最高的两个银行是区域发展银行 PT Bank DKI 和海外银行 Deutsche Bank Ag Indonesian Branches，分别为 4.07% 和 3.24%。[3] 因此，这两家银行为印尼银行业"系统脆弱性银行"。

5. 系统风险传染效应的动态演化及其大小

印尼系统风险在银行间市场传染效应的动态演化如表 5 所示。从传染范围和损失程度来看，2010 ~ 2013 年系统风险传染效应各不相同，2014 ~ 2016 年印尼银行系统不会发生风险传染。从总体上看，印尼银行业系统风险传染效应逐渐下降，银行体系趋于稳健。

表5　2010 ~ 2016 年印尼银行系统风险传染效应的动态演化

年份	传染范围		损失程度	
	最大倒闭银行数	最大传染轮数	最大资本损失占比	系统平均资本损失率
2010	3	2	17.75%	0.0046
2011	4	2	18.05%	0.0041
2012	2	2	7.98%	0.0004
2013	1	1	5.94%	0.0002
2014	0	0	0	0
2015	0	0	0	0
2016	0	0	0	0

资料来源：根据风险传染结果计算得出。

四、印度尼西亚银行间市场系统风险传染效应的原因分析

从对印尼银行系统风险传染效应的实证结果及其分析可看出，印尼银

---

[1] Chan – Lau J., Espinosa M., Giesecke K., "Assessing the Systemic Implications of Financial Linkages", *IMF Global Financial Stability Report*, 2009.

[2] 风险率的取值为失败次数占总模拟次数之比。

[3] 根据风险传染的结果计算得出。

行系统逐步稳健。通过对监管体系的梳理，可将印尼银行业日趋稳健的主要原因归为以下几方面。

（一）高效的外部监管机构

印尼金融业的主要监管机构是金融服务管理局（Otoritas Jasa Keuangan，OJK），于 2011 年 10 月成立。OJK 是综合性监管机构，对包括银行、资本市场、非银行金融机构在内的所有金融服务行业行使监管权力。成立后的两年时间内，OJK 完成了《金融服务管理局法案》所规定的监管权力的整合，例如：截至 2012 年底，印尼资本市场和相关金融监督机构手中行使的监督权力转移给 OJK；截至 2013 年底，印尼央行的微观审慎监管职责转移给 OJK[①]。同时，印尼央行行使银行业宏观审慎监督功能，并与 OJK 展开协作。此外，印尼还于 2016 年组建了金融稳定委员会（简称 KSSK）[②]。KSSK 包括财政部、印度尼西亚银行、金融服务管理局（OJK）和存款保险公司（LPS），其主要目的是维持金融稳定、防范与化解金融危机和监督系统重要性银行。印尼金融业监管机构各司其职、高效合作，为印尼建立稳固、可持续的金融体系奠定了基础。

（二）健全的银行监管法规

印尼最早于 1992 年颁布《银行法》，并据经济发展的需要多次对其进行修订。2006 年印尼监管当局颁布"良好的公司治理"（Good Corporate Governance）准则，要求各商业银行遵照执行。2012 年印尼央行颁布了两个条例：关于银行业经营活动及基于核心资本的分支机构网络的规定以及商业银行最小资本充足率的规定。尤其是最小资本充足率的规定，印尼央行将最低资本充足率的要求与银行资产的风险等级关联起来，规定资产风

---

① "Indonesian Financial Services Authority in Review"，*Global Business Guide Indonesia*，May 26，2015，http：//www.gbgindonesia.com/en/main/legal_ updates/indonesian_ financial_ services_ authority_ in_ review.php，登录时间：2019 年 8 月 31 日。

② Mohammad Nuryazidi，"Preventing，Handling Financial System Crises"，*The Jakarta Post*，May 17，2016，https：//www.thejakartapost.com/academia/2016/05/17/preventing – handling – financial – system – crises.html，登录时间：2019 年 8 月 31 日。

险等级为 1 级的银行其最低资本充足率为 8%，风险等级为 2 级的银行其最低资本充足率为 9%～10%，风险等级为 3 级的银行其最低资本充足率为 10%～11%，风险等级为 4 级或 5 级的银行其最低资本充足率为11%～14%[1]。这两个条例的实施一方面能确保银行业的经营活动与其资本状况相匹配，另一方面能使银行业资本达到国际水平以便有更高的抗风险能力。从表 6 可见，2010 年至 2016 年，印尼银行业的资本充足率不断提升，且远高于《巴塞尔协议规定Ⅲ》的 8%。

表 6　2010～2016 年印尼银行业平均资本充足率

年份	2010	2011	2012	2013	2014	2015	2016
资本充足率（%）	17.18	16.05	17.43	18.13	19.57	21.39	22.93

资料来源：印尼央行官网。

2016 年，OJK 颁布了第 55 号条例，对董事会和监事会的任命方式、机构设置和权责范围做了详细规定，同时强调银行风险管理的重要性，通过业务、风险管理职能和内部审计（三道防线）等部门的相互协作从内部制度的建设上防范银行系统风险，增强民众的信心[2]。为了加强对金融科技的监管，2016 年 OJK 发布第 77 号条例，对 P2P 网贷平台的运营资质、股权结构、货币使用、借款人要求等做出了详细的规定[3]。该条例对金融科技的发展和银行体系的稳健经营提供了规范和指引。

（三）严格的银行资本金制度

早在 2005 年，印尼监管当局就实施"印尼银行业结构改造计划"，规

---

① Otoritas Jasa Keuangan，"Bank Indonesia Regulation Number 14/18/PBI/2012"，November 28，2012，https：//www. ojk. go. id/en/kanal/perbankan/regulasi/peraturan – bank – indonesia/Pages/bank – indonesia – regulation – number – 14 – 18 – pbi – 2012. aspx，登录时间：2019 年 8 月 31 日。

② Otoritas Jasa Keuangan，"POJK Nomor 55/POJK. 03/2016"，December 7，2016，https：//www. ojk. go. id/id/kanal/perbankan/regulasi/peraturan – ojk/Pages/POJK – tentang – Penerapan – Tata – Kelola – bagi – Bank – Umum. aspx.，登录时间：2019 年 8 月 31 日。

③ Kristo Molina，"Peer – to – Peer Lending Regulation Released by OJK"，*Whitecase*，January 20，2017，https：//www. whitecase. com/publications/alert/peer – peer – lending – regulation – released – ojk，登录时间：2019 年 8 月 31 日。

定新成立的商业银行其资本额至少要达到 3 万亿印尼盾，之前成立的银行要在 2007 年前将其资本额提高到 800 亿印尼盾，在 2010 年前将资本额提高到 1000 亿印尼盾，否则会遭受停业关闭、降级为农村银行等相关处罚①。该计划的执行为印尼银行业的稳健经营奠定了基础。2012 年，印尼监管当局以商业银行的一级资本为基础将商业银行分为 4 级（即 BUKU）并对每个级别的业务范围做出明确规定。第一级的银行一级资本净额最小，因此只能使用卢比从事一般银行业务，而第二、第三及第四级的银行可从事更广泛的业务，具体见表 7。在该分级制度下，银行须以各自承受能力为限进行经营活动。因此该制度的实施既能有效避免来自外界的风险，又能为防御、抵抗系统风险构建有效的屏障。2012 年底，印尼监管当局又实施"产权单一制"，规定一方当事人仅能在一家商业银行成为控股股东。该政策对印尼银行业的现有投资者与潜在投资者产生了较大影响，刺激了印尼银行业的兼并与收购，是印尼监管当局强化银行资本监管、改善银行治理和提高金融健康标准的重要制度。

表 7　印尼商业银行的一级资本要求及其相应的业务规定

分类	一级资本要求（印尼盾）	业务范畴	
第一级（BUKU 1）	1000 亿~1 万亿	使用印尼盾从事一般银行业务	
第二级（BUKU 2）	1 万亿~5 万亿	从事更广泛的印尼盾和外币银行业务，包括代理活动、支付活动、电子银行业务、以信贷救助为目的非金融机构资本参与和金融机构的资本参与等	其资本参与、银行网点设置等限于印尼境内
第三级（BUKU 3）	5 万亿~30 万亿		其资本参与、银行网点设置等限于亚洲区域
第四级（BUKU 4）	30 万亿以上		其资本参与、银行网点设置等可在全球进行

资料来源：EY，"The Indonesian Banking Industry：Unfolding the Opportunity"，https：//www.ey.com/Publication/vwLUAssets/EY – the – indonesian – banking – industry – unfolding – the – opportunity/＄FILE/EY – the – indonesian – banking – industry – unfolding – the – opportunity.pdf.，登录时间：2019 年 6 月 9 日。

---

① 《印尼银行业（2009 年）》，中华人民共和国商务部，2009 年 8 月 19 日，http：//www.mofcom.gov.cn/aarticle/i/dxfw/cj/200912/20091206646817.html.，登录时间：2019 年 8 月 31 日。

（四）细致的危机管理协议

印尼央行于 2008 年推出了危机管理协议（简称 CMP）。该协议设计了诸多指标，如金融市场混乱度、经营陷入困境的银行数以及金融基础设施故障等，这些指标可衡量银行系统风险的大小、银行业危机的预防能力及当银行系统陷入危机时的自我恢复能力；同时，该协议还对银行系统危机的预防和处理进行了细致的规定，从而有利于促使处于危机中的银行系统迅速恢复其稳健性。之后印尼央行根据经济发展与银行业现状对危机管理协议进行了进一步的细化和完善，主要包括以下三方面：①银行有提出防控银行业风险传染措施的权利和义务；②若发生危机，银行可实施与危机管理协议相符的特殊处理措施；③危机期间，为了维护民众对银行系统的信心，监管部门、金融机构及民众相互间要加强协调和沟通。

（五）完善的银行退出机制

印尼银行业的退出机制涵盖了破产机制和并购重组机制。对于银行破产机制，最重要的是银行存款保险制度。印尼于 2005 年 9 月成立了存款保险公司，并实施单一保费制度。若银行业的风险敞口出现较大变化，存款保险公司可按相关规定对保费费率进行一定的调整。2014 年，存款保险公司推出了出售破产银行股份的新规定。新规定明确指出，对于无系统性影响的破产银行，其股份须在两年内出售；对于有系统性影响的破产银行，其股份须在三年内出售。对于并购重组机制，主要涵盖三方面：①对于重组困难的民间银行，可直接关闭；②对于若关闭会造成较大社会影响的民间银行，可实施国有化的救济方式；③对于通过救助能正常经营但自我重组困难的银行，可利用来源于财政、央行、发行国债以及国际援助等方面的资金进行注资。印尼银行的数量因完善的退出机制而大幅减少，银行各类监管指标也逐渐达到甚至超过国际标准，银行系统的稳健性也因此而日趋提升。

结　语

本文构建了动态的银行间市场网络结构，并对印尼银行间市场系统风险传染效应进行了实证分析，研究发现：在有系统风险传染的年份，最易引发风险传染的银行都是国有商业银行，其中排首位的是 Bank Mandiri（Persero）Tbk，其次是 Bank Negara Indonesia（Persero）Tbk，Pt 和 Bank Rakyat Indonesia（Persero）Tbk；而因风险传染而倒闭的银行都是非国有银行，其中区域发展银行 PT Bank DKI 和海外银行 Deutsche Bank Ag Indonesian Branches 最易因风险传染而倒闭，因此是"系统脆弱性银行"；2010～2013 年，风险传染效应各不相同，2014～2016 年系统未发生风险传染，总体上看，印尼银行系统风险传染效应逐年下降，银行体系趋于稳健。高效的外部监管机构、健全的银行监管法规、严格的银行资本金制度、细致的危机管理协议以及完善的银行退出机制是印尼银行体系趋于稳健的重要原因。

本文的研究发现印尼银行体系目前较为稳健，这表明日趋完善的印尼银行监管体系是卓有成效的，但未来对银行体系的监管也不能有丝毫的松懈，尤其要加强对国有银行等"系统重要性银行"的监管，对其提出更高的监管要求，并时刻关注"系统脆弱性银行"的各项指标是否达到相关监管标准。因为本文的研究期限仅限于 2010 年至 2016 年，而随着信用链的延长及内部交易的激增，银行间市场的债权债务关系会更复杂，系统风险的传染效应可能会加大；与此同时，本文对系统风险的传染研究仅限于银行间市场的信用渠道，但风险的传染除了信用渠道，还有资产价格渠道和信息渠道，此外，支付系统也可能引发银行风险的传染。

附件一　印尼商业银行

	年份	2010	2011	2012	2013	2014	2015	2016
印尼商业银行	总数（家）	122	120	120	120	119	118	116
	资产总额（十亿印尼盾）	3008853	3652832	4262587	4954467	5615150	6095908	6729799

续表

年份		2010	2011	2012	2013	2014	2015	2016
样本银行	数量（家）	87	87	87	87	87	87	87
	数量占比（%）	71.31	72.50	72.50	72.50	73.11	73.73	75.00
	资产（十亿印尼盾）	2818773	3418553	4007964	4645532	5308289	5779795	6391575
	资产占比（%）	93.68	93.59	94.03	93.76	94.54	94.81	94.97

资料来源：Otoritas Jasa Keuangan，"Indonesian Banking Statistics – 2016"，https：//www. ojk. go. id/en/kanal/perbankan/data – dan – statistik/statistik – perbankan – indonesia/Pages/Indonesia – Banking – Statistics – – – December – 2016. aspx，登录时间：2019 年 6 月 9 日。

The Contagion Effect of System Risk in the Interbank Market

—An Empirical Analysis from the Banking Industry in Indonesia

Tan Chunzhi   Deng Qingyun   Zhao Jing

Abstract   This study selects the inter – bank lending data of 87 listed banks in Indonesia from 2010 to 2016 to construct a dynamic network structure of the interbank market in Indonesia by employing the Maximum Entropy method. Based on this, the paper analyzes the risk contagion effect of the banking system. The empirical results show that banks most likely to cause risk contagion are state—owned commercial banks and the first of which is Bank Mandiri (Persero) Tbk. In the year of risk contagion, the regional development bank, PT Bank DKI, and the overseas bank, Deutsche Bank Ag Indonesian, are most vulnerable to risk contagion. From 2010 to 2013, the risk contagion effects are different, and from 2014 to 2016, there will be no risk contagion in the system. Overall, the risk contagion effect of the Indonesian banking system has been declining year by year, and the banking system has become more stable. Efficient external regulatory agencies, sound banking regulations, strict bank capital system, detailed crisis management agreements and a sound bank exit mechanism are important reasons for the stability of the Indonesian banking system.

Key Words Indonesia; Systemic Risk; Interbank Market; Contagion Effect

Authors TanChunzhi, China – ASEAN Research Institute, Business School, Guangxi University, Professor, Ph. D. ; Deng Qingyun, Graduate Student of Business School, Guangxi University; Zhao Jing, Guangxi Greentown Water Co. , Ltd. , Master, Economist.

试析老挝能源可持续发展战略

埃克托·冯法迪（著）　王海峰　蓝珊珊（译）[*]

【摘要】能源可持续发展是所有国家经济发展的基本要素之一，亦是联合国可持续发展目标消除极端贫困的要求。可持续的能源技术面临诸多障碍，导致发展中国家延迟扩大使用范围。正如一些发展中国家的实践表明，政府新政策可能对引进可再生能源的进程产生巨大影响。本文研究了老挝能源可持续发展战略，以及在当前老挝有利环境下能源可持续发展面临的挑战和机遇。

【关键词】老挝；能源；可持续发展

【作者简介】埃克托·冯法迪（Ekto Vongphakdy），老挝外交部外交研究所研究员。

能源可持续发展是所有国家经济发展的基本要素之一，亦是联合国可持续发展目标消除极端贫困的要求。现代能源服务主要由液体、气体燃料以及电力提供，是建立企业和创造就业机会的必要条件。便捷、可负担的能源对于改善健康、教育、减少传统烹饪的烦琐工作以及满足其他基本需求也非常重要。

以可持续的方式满足这些基本的能源需求，需要一个适合各个国家和地区的经济、社会和资源条件的能源组合。因此，与化石燃料一样，风能、太阳能、水能、地热能和生物能源等可再生能源也在实现国家可持续

---

* 王海峰，广西大学国际学院，讲师、博士；蓝珊珊，广西大学国际学院学生。

发展和包容性增长的能源组合中发挥重要作用。

可持续的能源技术面临诸多障碍，导致发展中国家延迟扩大使用范围。传统能源由于存在数十年的研发、成熟的工业基础和政府补贴的基础设施等支持，受到各国和地区普遍接受，但是可持续能源的选择仅仅在一些地区受到欢迎。正如一些发展中国家的实践表明，政府新政策可能对引进可再生能源的进程产生巨大影响。本文研究了老挝能源可持续发展战略，以及在当前老挝有利环境下能源可持续发展面临的挑战和机遇。

一、老挝能源基本情况

老挝是一个内陆国家，位于中南半岛的中心，面积约23.68万平方公里，有17个省，首都为万象，西边与泰国接壤，东边与越南接壤，北部与中国接壤，南部与柬埔寨接壤，西北部与缅甸接壤。老挝从北到南绵延1700公里，从东到西介于140~500公里，森林茂密、重峦叠嶂，森林和林地面积占国土面积的47%，河流丰富，包括1900公里长的湄公河，大部分山脉崎岖不平，最高点为2820米，使得老挝存在良好的水力发电潜力。

老挝拥有丰富的自然资源，例如煤炭、硬木木材、水电、石膏、锡、黄金和宝石等。这些资源对老挝经济十分重要。老挝属于热带季风气候，有三个不同的季节。炎热的季节从2月底到4月，南方的温度可以达到40摄氏度；凉爽的季节从10月持续到2月，平均气温下降到16摄氏度左右；其余时间为雨季。山区的温度要在10摄氏度以上，在1月，高海拔地区的温度甚至可以降至零摄氏度。

老挝以传统农业为主，自然资源丰富。经济发展正处于过渡阶段，城市化程度正在提高，其经济与大湄公河次区域的邻国日益融合。在2002~2019年，老挝国内生产总值（GDP）年均增长达到了7%~8%。近年来，老挝矿业和水电投资的大幅增长为经济增长做出了重要贡献。截至2019年，老挝主要经济指标见表1。

表 1 老挝主要经济指标（截至 2019 年）

指标	价值	单位
土地面积	236800	平方千米
人口	7.16	百万
GDP	19.13	十亿基普
人均 GDP	2670	美元

（一）老挝传统能源

煤炭和褐煤：老挝煤炭储量在 6 亿~7 亿吨，以褐煤为主，包含少量无烟煤。沙耶武里省洪萨县褐煤储量最大，据估计，其储量约为 4 亿吨，超过该国估计总储量的一半。中等质量的褐煤适用于发电或满足其他工业热能需求。目前，煤炭消费仅限于一家水泥厂和一些规模较小的用户，年用量约 3.5 万吨。石油和天然气：老挝不允许开采石油和天然气。

（二）老挝可再生能源

水力发电：老挝境内的湄公河流域有 20000 兆瓦的水力发电潜力，截至 2018 年，已经开发了 2971 兆瓦的发电能力，用于国内消费和出口。另一个在建项目总装机容量为 6054 兆瓦，其中独立发电公司（IPP）出口为 4413 兆瓦，家用为 1495.5 兆瓦。

此外，75 个新的水电项目正处于不同的研究、审批和设计阶段。水电站（HPPs）通过电网向国内用户和国外市场（泰国和越南）提供电力。

小型水力发电：在老挝，水电装机容量小于 15 兆瓦被认为是小型电力。老挝的小型水力发电潜力大约为 2000 兆瓦。目前已建成 30 兆瓦装机容量项目，其中有 19.7 兆瓦装机容量项目已经接入电网。总装机容量为 82.7 兆瓦的项目正在建设中。

生物质能：每年农业和林业部门都会产生大量的废弃物，如稻草稻壳、锯末和玉米芯。这些废料的年能源潜力大约等于 5 亿吨石油（mtoe），可作为发电的原料。到目前为止，生物质能主要用于家庭层面，超过 80%的人口仍然依赖于生物质能，尤其是在烹饪方面。生物质能也用于小规模的农村工业生产（例如酒精生产和烟草加工）。该国还具有使用麻疯树、油棕和大豆等油料作物生产生物燃料的巨大潜力。沼气资源的潜力约为313兆瓦，固体废物资源的潜力约为216兆瓦。老挝正在制定一项关于生物燃料发展的国家计划，其目标是到2025年在运输部门引进10%的生物燃料。

太阳能：老挝每年平均有200~300个日照日，而南方的日照日更多。太阳能潜在容量为每天每平方米4.5~5.0千瓦时（kWh）。太阳能有潜力在为偏远农村地区提供离网电力方面发挥主要作用。目前，老挝已经为大约13000个家庭（大部分位于偏远地区）提供了太阳能家庭系统。然而，太阳能在并网发电领域进展有限，现只有一个屋顶太阳能光伏发电系统（236千瓦容量）安装在瓦岱国际机场。

风能：老挝还没有对风力发电潜力进行科学评估。世界科学技术研究所（WISE）初步进行的地理信息系统（GIS）基础资源评价研究显示，在中心高度为80米时，风速为4~5米/秒。老挝政府已与冲击能源亚洲有限公司（Impact Energy Asia Limited）签署谅解备忘录，决定在老挝开展风能资源评估。在沙湾拿吉省的两个地点进行的基本可行性研究表明，风力发电潜力为64兆瓦。

二、老挝能源消耗情况

与该区域许多发展中国家一样，老挝的主要能源也是生物质能。在最终能源使用方面，生物质能占比不到60%，石油产品约占17%，电力占12%，木炭和煤炭占14%。

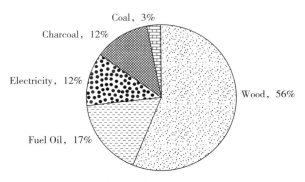

图1　按来源分类的最终能源使用量

（一） 老挝部门能耗情况

2018 年，最终能源总消耗量为 2336 千吨石油当量（ktoe）。家庭占最终能源消耗总量的 51%，交通部门占 26%，工业部门占 20%，农业部门占 2%，商业部门占 1%。家庭占比高反映了家用耗能对生物质能的依赖，然而生物质能的效率较低。按部门划分的消费也反映了老挝相对较低的工业和商业活动水平。石油燃料不仅用于运输和工业部门，也用于对尚未接入电网的家庭进行发电。所有的石油燃料都是进口的。

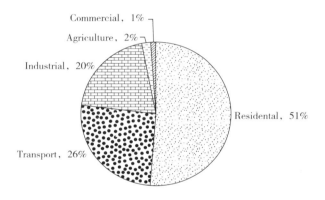

图 2　按部门划分的能源消耗

（二） 老挝兆瓦 （MW） 级电力项目装机容量

截至 2018 年 2 月，老挝发电项目的装机容量为 3020.27 兆瓦（见表 2）。能源结构以水电为主（占 98.61%）。水电项目包括由老挝电力公司（EDL）安装的项目、由独立发电商建立的供国内使用和出口的项目。

表 2　发电项目装机容量

资源	装机容量（兆瓦）
水力发电	2978.17
生物质能	39.74
柴油	1.491

资源	装机容量（兆瓦）
太阳能	0.873
总计	3020.27

资料来源：能源矿产部 2018 年国家报告。

（三）老挝电网接入

截至 2013 年 12 月，老挝全国总共 1080342 户家庭，其中 943599 户已经通电，意味着通电用户达到 87.34%。其中，约 2% 是由基于可再生能源/混合离网系统供电。这表明 1696 个村庄中有 136743 户（占 12.66%）仍未通电，这些村庄位于该国偏远、人口较少的地区。

三、老挝能源需求

预计 2010~2025 年，老挝能源需求年均增长 6.7%，实际 GDP 年均增长 7.1%；因此，GDP 对能源的弹性是 0.94。煤炭的份额将从 2010 年的 4.4% 增至 2025 年的 19.9%，电力的份额将从 2010 年的 8.7% 增至 2025 年的 14.6%；然而，这些份额仍然只是燃料木材、木炭（35.1%）和石油产品（28.0%）的一半。

在行业分类中，预计工业部门具有较高的实际 GDP 增长，其能源需求将迅速增长（年均 15.3%），其份额将从 2010 年的 9.6% 增至 2025 年的 31.1%，高于交通部门（2025 年的 29.2%）和家庭住宅部门（2025 年的 29.3%）。另外，从 2010 年至 2025 年，住宅平均年增长率将维持在 2.6%。按来源和部门划分的能源需求如表 3、表 4 所示。

表 3   按来源划分的能源需求   单位：千吨

资源 ＼ 年份	2000	2010	2015	2020	2025
煤炭	0	106	355	746	1268
石油产品	272	592	981	1355	1781

续表

年份 资源	2000	2010	2015	2020	2025
生物柴油	0	0	0	46	127
生物乙醇	0	0	0	11	27
电力	55	210	393	633	927
薪柴	1103	1386	1561	1752	1954
木炭	71	128	174	226	279
总计	1502	2442	3464	4769	6364

资料来源：能源矿产部2018年国家报告。

表4　按部门划分的能源需求　　　　　单位：千吨

年份 部门	2000	2010	2015	2020	2025
工业	63	232	615	1193	1977
运输	266	564	939	1354	1859
商务	210	332	431	528	611
住宅	959	1269	1466	1651	1865
农业	3	21	26	30	35
非能源部门	0	3	7	12	17
总计	1502	2442	3464	4769	6364

资料来源：能源矿产部2018年国家报告。

从2010年至2020年，住宅领域的需求预计将逐步增长，平均增长率约为7%。同时，由于工厂和矿山的需求迅速增长，非住宅需求预计将大幅增加。从2010年到2020年，除SLACO外，非住宅需求的平均年增长率为33%（见表5）。

表5　需求预测　　　　　单位：兆瓦

年/消费者	2010	2011	2012	2013	2014	2015	2016	2017	2018	2019	2020
住宅	492	522	557	592	631	673	718	769	838	916	1004
工厂	17	45	133	214	260	475	578	778	785	793	794

续表

年/消费者	2010	2011	2012	2013	2014	2015	2016	2017	2018	2019	2020
矿业	75	77	168	176	192	320	536	539	521	524	527
SEZ	—	—	10	35	58	70	116	120	180	180	210
建筑业	—	24	33	27	159	395	311	143	147	70	41
铁路	—	92	120	120	120	49	21	21	21	21	21
小计	584	758	1021	1165	1420	1982	2281	2371	2492	2504	2597
SLACO	—	—	—	—	100	900	900	900	900	900	900
总计	584	758	1021	1165	1520	2882	3181	3271	3392	3404	3497

四、老挝能源部门

老挝能源相关活动的管理由能源矿产部（MEM）、老挝电力公司（EDL）和老挝控股国有企业（LHSE）负责，并得到财政部和自然资源与环境部（MONRE）的支持。能源矿产部负责能源政策、总体战略指导以及部门发展的管理。能源矿产部下属的各个部门如图 3 所示。

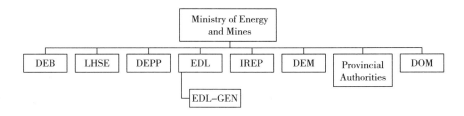

图 3 能源矿产部组织图

注：DEB：能源事业部；LHSE：老挝控股国有企业；DEPP：能源政策规划部；EDL：老挝电力公司；EDL－GEN：老挝电力上市公司；IREP：可再生能源促进研究所；DEM：能源管理部；DOM：矿业部。

2011 年修订的《老挝人民民主共和国电力法》规定，能源矿产部不仅负责制定国家电力部门的政策和战略，还负责制定和执行法律法规，并监督电力公司的业务。能源矿产部分配给各个部门的职责和任务如下：

能源事业部（DEB）：前身为能源促进发展部，负责私营部门在电力领域的投资。能源事业部负责监督输电项目和燃煤火电项目的投资。虽然能源事业部参与项目建议书的规划、开发和评估，但其主要职责是谈判项目开发协议、特许协议和电力采购协议。能源事业部的职责还包括监督项目的实施。

能源事业部下设四个部门：行政部、合同部、项目开发部、项目监控部。

能源政策规划部（DEPP）：能源政策规划部职责是政策制定和规划，主要负责能源政策的制定和能源/电力供应的规划。

能源管理部（DEM）：这个新成立的部门负责起草与能源有关的法律、法规、指导方针、技术和安全标准。能源管理部还监督政府机构、国有企业和私营企业，以确保它们按照规章制度运作。此外，能源管理部监测企业、工厂和建筑物的能源使用情况，并向效率最高的用户颁发能源奖。能源管理部的另一个重要职能是检查国内生产或进口的电气设备和电器的技术标准。能源管理部颁发能源营业执照，批准或拒绝延期。能源管理部还提供技术咨询服务和能源管理信息。

可再生能源促进研究所（IREP）：可再生能源促进研究所相当于一个部门，主要负责实施2011年制定的可再生能源政策和战略来促进可再生能源使用和节约使用。为了支持可再生能源，研究所的任务是发展小型水电、生物柴油和沼气项目，并编写一份关于可再生能源的生产和使用手册。为了支持农村电气化，研究所制定并实施了农村电气化总体规划。为了支持节约能源（EEC），研究所制定了关于节约能源的法规、指南和用户手册，其目标包括开发更有效的厨灶和执行节约能源机制项目。

老挝电力公司（EDL）：老挝电力公司是一家国有电力公司，主要通过其输配电线路向国内用户供电，还管理电力的进出口。老挝电力公司拥有全国范围内的输配电线路，可以获得来自其所拥有的电站、老挝电力上市公司、设立的供国内供电的独立发电公司（IPP）、设立的供电力出口的独立发电公司（IPP）、其他电站以及周边国家进口的电力。老挝电力公司最初是一家垂直整合的公用事业公司，拥有发电、输电和配电设施，负责发电、输电和售电。2010年，根据老挝政府关于重组该国电力行业的指示，发电的职能移交给了老挝电力上市公司。

老挝电力上市公司（EDL－GEN）：老挝电力上市公司成立于2010年12月15日，是在老挝证券交易所（LSX）上市的第一家企业。该公司的主要目标有以下三个：①为老挝电力公司形成规模能源，并在未来出口（包括发展输电线路和变电站）；②投资或设立合资企业与其他发电项目；③为其他电力项目提供管理和维护服务。

老挝控股国有企业（LHSE）：老挝控股国有企业是一家成立于2005年的国有股份制企业。LHSE的使命是持有和管理独立发电公司（IPP）项目的股份。

除上述部门和公司外，老挝还设立了省级能源矿产厅（PDEM）和区级能源矿产厅（DEMO），在能源矿业部管理之下，分别在省、区两级开展工作。

五、老挝能源政策与法律法规

老挝目前还未制定全面的国家能源政策，对能源规划、政策制订和部门发展没有系统的办法。但是，政府已经公布了一项关于电力的法律，以及一些发展大型水电和可再生能源的政策和战略。除了《老挝电力技术标准》和《电网规范》外，老挝没有任何管理电力部门运行的法规。

《电力法》：老挝的《电力法》于2011年修订，并于2011年12月20日颁布，取代了2008年12月8日公布的《电力法》。《电力法》规定了操作、管理、检查发电效率高的电力活动和业务操作的原则、规则和组织措施。目的是通过使用自然资源潜在的经济和可持续的方式，鼓励实现国家社会经济发展计划，改善多民族人民的生活条件。该法律共有10章81条，规定了老挝开展发电、输电和配电业务的原则和指导方针，还对农村电气化网的发展战略和电力定价方法给出建议。

2016~2020年第八届国家社会经济发展规划（NSEDP）：政府的主要目标包括经济快速增长和消除贫困，2030年实现可持续发展目标，2024年脱离最不发达国家水平以及可持续的经济、社会和环境发展。第八届国家社会经济发展规划将能源部门确定为战略发展部门。能源部门的表现对于满足国家的能源需求至关重要，尤其是在实现全国电气化方面。该部门的发展是国家现代化和工业化的核心，是提高生活水平和减少贫困的主要基础。

《可再生能源发展战略》：老挝政府于2011年10月启动了《可再生能源发展战略》，这是目前老挝发展可再生能源的主要政策框架。该战略的目标是到 2025 年将可再生能源在总能源消费中的比例提高到 30%。在此期间，政府还计划用生物燃料代替 10% 的运输燃料，每一种可再生能源的具体目标如表 6 所示。

表 6　《可再生能源发展战略》中提出的可再生能源产能增加

单位：兆瓦

项目	阶段说明	2015 年	2020 年	2025 年
1	电力	140	243	725
1.1	小型水力发电	80	134	400
1.2	太阳能	22	36	48
1.3	生物质能	13	24	58
1.4	沼气	10	19	51
1.5	城市生活垃圾	9	17	36
1.6	风能	6	12	73
2	生物燃料产品	ML	ML	ML
2.1	乙醇	15.42	34.62	97.6
2.2	生物柴油	22.25	63.93	194.5
3	热能	Ktoe	Ktoe	Ktoe
3.1	生物质能	23	29	113
3.2	沼气	22	44	178
3.3	太阳能	17	22	109

资料来源：能源矿产部 2018 年国家报告。

　　水力发电可持续发展政策（PSHD）：老挝的水力发电可持续发展政策适用于在整个项目开发过程（规划、建设、运行、传输/关闭阶段）中超过 15 兆瓦的水电项目，并包含技术、工程、经济金融、环境和社会影响等方面。目前能源矿业部正在审查该政策。

　　电力发展规划（PDP）：《电力法》第九条规定，电力企业应当编制电力发展规划。老挝电力公司每 3~5 年就编制一次电力发展计划，于 2010 年 8 月制定了 2010~2020 年电力发展规划，修订了原 2007~2017 年电力发展规划。2011 年 8 月，为了更好反映发电和输电行业最新的电力需求预测和项目发展前景，老挝电力公司更新了电力发展规划（2010~2020）。

制定生物燃料法律法规：老挝正在制定一项生物燃料发展国家计划，其目标是到 2025 年在运输部门引入 10% 的生物燃料。此外，2013 年 9 月 11 日公布的《老挝人民民主共和国生物燃料管理和利用法令（草案）》将生物燃料的生产规模和批准水平分为三个级别。家庭规模企业的生产（日生产能力 200 升以下）需要能源和矿山地区办事处按照有关商定组织的许可批准。中小企业生产（日生产能力 201～9999 升）需经省级能源矿产部许可，大企业生产（日生产能力 1 万升以上）需经能源矿产部许可。

节约能源倡议：老挝的节能工作还处于初级阶段。政府尚未为能源效率和节约能源（EEC）制定全面的国家战略。多边和双边捐助者为老挝提供了一些援助，最著名的是世界银行援助了关于需求管理方面的农村电气化项目。

随着可再生能源促进研究所和能源矿产部下属的能源管理部的成立，如今能源效率和节约能源的倡议预期将更为顺利。研究所正在拟订一项国家能源效率和节能战略的条例草案，能源管理部正在拟订关于能源使用的监测和电器标签的要求。

老挝电力公司通过提供节能灯和节能空调系统，在政府办公室、住宅和工业部门促进电力的有效利用，并通过培训和大众传媒传播来提高人们对能源效率的认识。

机构与人力资源开发框架：老挝的能源部门业务包括能源可持续发展工作，属于能源矿产部的职权范围。可再生能源促进研究所负责可再生能源或可持续能源项目的实施。老挝妇女联盟、老挝国立大学和老挝电力公司是参与实施可再生能源或可持续能源项目的其他组织。总的来说，可再生能源最有可能在能源矿产部的指导下开发（见表 7）。

表 7　老挝能源可持续发展的机构与人力资源开发框架

序号	机构名称	功能
1	能源矿产部（MEM）	与政府磋商，在老挝实施可再生能源发展计划 促进和发展可再生能源 推进和发展农村电气化 推广能源效率和节约能源倡议 开发和管理可再生能源数据库和信息

序号	机构名称	功能
2	可再生能源研究所和新材料研究所	在科技研究、开发、转让、推广、应用和服务等方面，可再生能源研究所是新材料研究所科技部的协助部门。可再生能源研究所在可再生能源技术的应用和适应性研究平台上，结合传统技术，开展可再生能源技术的示范和推广应用，对支持政府的指导方针、政策和发展规划，发挥着至关重要的作用。它还参与研究、选择适合该国的国际先进技术，实现国家的社会经济发展，并参与转化研究成果，调整和发展国内科学与技术 新材料研究所创建了可再生能源研究所并作为一个培训中心和示范研究中心，以促进可再生能源技术的开发和使用。该研究所还将为该区域的国家技术人员提供有关各种技术使用方法的培训
3	省能源矿产厅	为实施《可再生能源发展战略》和能源效率与节约能源倡议提供省级支持
4	老挝国立大学工程学院	主要参与可再生能源的研究和教育问题；自 2000 年以来，已有 200 多名学生从该领域毕业
5	老挝国立大学理学院	主要涉及可再生能源的研究和教育问题
6	老挝可再生能源研究所（LIRE）	咨询、开展研究并提供可再生能源技术（例如水力发电、生物柴油、沼气、改良炉灶、农村能源）、社会经济和能源效率服务 提供有关使用可再生能源技术资讯和意见的公共资源 提供与可再生能源有关的能力建设和培训
7	自然资源与环境部（MONRE）	跨部门环境规划和管理的主要协调机构
8	老挝可持续发展可再生能源协会（RES-DALAO），Sunlabob 公司	私营机构积极参与采用创新机制引进可再生能源设备，例如采用光伏系统的租购计划、太阳能水泵等

六、老挝电力市场与定价机制

老挝电力公司（EdL）是能源矿产部下属的国有企业，拥有并经营老挝的主要发电、输电和配电资产，并管理电网的电力进口和出口。老挝电力公司还负责项目开发，是政府水电项目的执行机构，在独立发电公司项目中也是作为代表政府的股东。老挝电力公司过去的做法是，一旦股东协议生效，项目贷款结束，老挝电力公司就从能源矿产部手中接过项目。

老挝电力公司自身的发电能力几乎全都是水力发电。公司有 10 个水电项目，总发电能力 390.7 兆瓦，大多为小容量（小于 50 兆瓦），最大发电厂是 1971 年投入使用的南俄 1 号（Nam Ngum – 1，容量为 155 兆瓦）。老挝电力公司的生产不足以供应国内市场，因此，它从一些国内的核电站购买电力。目前，国内最大的独立发电公司是 Nam Lik 1/2 水电站，容量为 100 兆瓦。独立发电公司向家庭供电的总容量为 285.3 兆瓦（见表 8）。

在 2019 年之前，老挝电力公司在老挝 17 个省的业务被划分为四个区域——北部、中部 1 区、中部 2 区和南部。每个地区都有一个 115 千伏的电网，但它们之间没有相互连接。2011～2019 年，115 千伏电网实现扩容并网，3 个地区实现整合（中部 1 区和中部 2 区已经并网）。除了老挝电力公司的网络外，省政府还经营着 85 个小型电网，提供柴油发电机或小型水电站。这些设施主要服务于尚未连接到老挝电力公司网络的偏远地区。

表 8　老挝水电项目装机容量　　　　　　　　单位：兆瓦

老挝电力公司拥有的水电站		独立发电公司设立的用于国内使用的水电站		独立发电公司设立的用于出口的水电站	
项目名称	容量	项目名称	容量	项目名称	容量
Nam Ngum – 1	155	Nam Lik 1/2	100	Theun Hinboun	220
Xe Labam	5	Nam Tha – 3	1.2	TheunHinboun Ext.	220
Nam Dong	1	Nam Ngone	3.2	Houay Ho	152
Nam Xeset – 1	45	Nam Phao	1.7	Nam Theun – 2	1088
Nam Ko	1.5	Nam Ngum – 5	120	Nam Ngum – 2	615
Nam Leuk	60	Nam Gnouang	60		
Nam Ngai	1.2	Tat Salen	3		
Nam Mang – 3	40				
Xeset – 2	76				
Nam Song Ext	6				
总计	390.7		285.3		2295

资料来源：能源矿产部 2018 年国家报告。

老挝的电价由政府制定，在确定关税方面，没有独立的监管机构。关于零售电价，老挝电力公司向能源矿产部提交了一份电价草案，老挝政府原则上同意修改电价。在确定能源资源的发电电价时，没有采用成本加成法。目前，可再生能源发电项目的售电电价是在发电企业与老挝电力公司谈判的基础上确定的。

电力的零售电价是由消费者的社会经济条件、使用类型和用户类型来决定的。能源矿产部会同其他部门研究每一类型的电价结构，并在每个时间段内提交给政府审议。电价分为九类低压电源和四类中压电源。住宅用水和灌溉用水的税率低于其他类别的消费者。住宅关税和农业关税在一定程度上受到工商业消费者的交叉补贴影响。

七、老挝能源可持续发展的财政和金融体制

根据老挝《投资促进法》的规定，政府根据不同的开发部门和开发区向投资者提供财政和非财政奖励，主要政策有：免税期最长为 10 年；对出口产品免征出口税；最长 15 年面授土地租赁或特许权费用；对用于生产的原材料和固定设备免征进口税等税款；大型特许经营项目经协商可享受额外的免税期。

根据《外国投资法》的规定，外商投资企业每年按开发区缴纳 10%、15%、20% 的利息税（其他投资企业按 35% 的税率缴纳利息税）。老挝政府根据地理位置和社会经济条件指定了 3 个开发区，分别是：区域 1：没有经济基础设施来促进投资的山区、平原和高原地区；区域 2：具有一定经济基础设施，能够在一定程度上容纳投资的山区、平原和高原地区；区域 3：具有良好的基础设施来支持投资的山区、平原和高原地区。

在投资可再生能源和可持续能源项目方面，政府并没有提供具体的激励措施。然而，对于制糖厂和生物柴油开发商来说，主要有以下激励措施：对生产机械、设备和原材料免征进口税；7 年之内对生物燃料生产所需的化学材料免征进口税。

老挝《可再生能源发展战略》提到，老挝对可再生能源项目的所有投资，包括对生物燃料生产、并网或隔离的系统、离网项目和独立系统，都有权享有老挝于 2019 年更新的《投资法》所规定的奖励措施：对生产机械、设备和原材料免征进口税，7 年之内对生物燃料生产所需的化学材料

免征进口税。

当前老挝国内金融部门由 4 家国有商业银行，12 家私人银行（8 家国际银行，4 家国内银行），2 家合资银行，3 家附属银行，3 家保险公司（其中两家为代表处），财政部下属的国库和农业促进银行（为农业发展授予贷款的政府机构）等机构组成。截至 2018 年第四季度，国有银行仍在银行业中占据主导地位，占银行业总资产的 67.41%，占银行总贷款的 62.98%。老挝 4 家国有商业银行分别为：老挝国家银行（BCEL）、Nayoby 银行、农业促进银行（APB）和老挝发展银行（LDB）。虽然银行没有采取任何具体的政策为可持续能源或可再生能源业务提供资金支持，但银行已经为可再生能源项目提供了贷款，例如农业促进银行已支持了多个沼气和生物燃料项目，老挝发展银行为"南隆水电站"等水电项目提供资金。

表 9　老挝商业银行部门概况

银行类别	数量	资产（百万美元）	存款额（百万美元）	贷款额（百万美元）	存贷比（%）
国有银行	4	1486.98	1035.95	654.29	63.16
合资银行	2	138.65	77.20	80.73	104.58
私人银行	4	152.58	134.78	97.77	72.54
关联银行	3	142.41	55.72	53.29	95.64
国际银行	8	284.96	117.32	152.86	130.29
总计	21	2205.59	1420.97	1038.95	73.11

资料来源：2017 年老挝银行第四季度评论。

八、结论：当前国家扶持环境下的能源可持续发展面临的机遇与挑战

老挝非常幸运地拥有经济上可行的水力发电潜力，这是最清洁和成本最低的能源生产方式之一。该国的日照水平和传统的农业基础表明，其有充足的太阳能和生物质资源。然而，该国尚未对资源潜力进行评估，在科学评估资源潜力方面存在空白。

目前政府的规划方法主要集中在国内水电潜力的开发上。政府鼓励通过独立发电公司开发水电，用于出口。向周边国家输出电力是老挝政府的

重要政策目标。电力出口的特许权使用费、税收和红利是老挝的重要收入来源。

老挝在制定一项全面的规定国家目标、执行计划和部门发展战略的国家能源政策方面存在差距。能源矿产部是负责管理能源部门的主要机构，包括在老挝开发可再生能源。能源矿产部下属的可再生能源促进研究所负责监督老挝可再生能源、能源效率和农村电气化项目的实施。

老挝电力公司是垂直整合的国有企业，负责老挝的发电、输电和配电。截至 2013 年，老挝约 85% 的家庭用上了电网供电，剩下的 15% 的家庭位于相对偏远和交通不便的地区，在这些地区扩展电网在经济上可能不可行。

2011 年老挝《电力法》规定了管理老挝电力部门活动的原则、规则和程序。《电力法》不够完善，因为在老挝，没有任何对促进可持续能源选择有利的条款，但是，该法律提到有必要鼓励使用可再生能源，以及将离网可再生能源用于农村电气化。没有一个独立的"电力监管机构"是老挝在确定电价和监管电力部门运营的漏洞。可再生能源发电站出售电力给老挝电力公司的电价是由两者谈判决定的。零售关税由资源矿产部确定。住宅和农业关税由工业和商业部门的关税交叉补贴决定。然而，多年来，电价一直被设定在一个较低的水平，恶化了老挝电力公司的财务状况。

2011 年 10 月，老挝政府启动了《可再生能源发展战略》，该战略的目标是，到 2025 年，可再生能源占能源消耗总量的比重达到 30%，更注重促进和开发生物燃料作为交通运输燃料。然而，由于没有提出任何促进其他离网可持续能源选择或服务的明确战略以及没有明确的可再生能源政策和实施计划来支持该战略，因此该战略存在空白。没有特别的财政政策措施来鼓励选择可持续能源，造成了投资环境的缺乏。根据老挝《投资促进法》，包括可持续能源投资者在内的投资者有资格获得一些财政或非财政激励，如免税期、特许协议费用豁免等。但老挝的银行部门存在漏洞，它没有充分认识到促进可持续能源的必要性，因此没有通过提供软贷款和更长的还款期来激励这类项目。

由于对可再生能源资源提供的预算经费有限，在为资源筹措资金方面存在缺口。到目前为止，政府主要依靠国际资金和捐助者的援助来支持该国的可再生能源项目。老挝政府在国际资金（世界银行、日本国际协力机构）的帮助下，成功地实施了几个基于离网可再生能源的农村电气化项目，其中太阳能家庭照明系统的使用已在农村非电气化地区成功地进行了示范。省能源服务公司（PESCO）和 Sunlabob（老挝基于全方位服务为偏远地区提供硬件销售和商业上可行的能源服务）等公私合作机制已经成功实施。

在最终能源消耗方面，生物质能资源的份额约为 60%，这表明生物质能被广泛用于烹饪和取暖。未来能源需求预测显示交通和工业的需求将增加，这为住宅、工业和交通领域基于可再生能源的解决方案提供了一个案例。

老挝的节能工作还处于早期阶段，政府尚未为能源效率和节约能源制定全面的国家战略。老挝政府至今仍未将可再生能源纳入国家议程，如社会经济发展计划、农村电气化计划、工业化和现代化战略等，在推进可持续能源技术的制度上存在空白。

老挝有政府学术机构、国际可再生能源研究机构、私营企业家在农村地区提供可再生能源服务；然而，机构间适当的协调和知识共享几乎不存在。

最后，本文通过详细讨论老挝的总体能源发展战略和政策、激励措施以及电力市场结构，突出有利环境中存在的发展机会。然而，在该国推广可持续能源方面存在某些障碍。同时，对有利环境的分析是必要的，其促进可持续能源技术的有效性也应加以深入研究。

The Sustainable Energy Development Strategy in the LAO PDR

Ekto Vongphakdy

Abstract Basically, the affordable energy services are among the essential ingredients of economic development for any country, including eradication of extreme poverty as called for in the United Nations Sustainable Development Goals (SDGs). Sustainable energy technologies face a number of barriers which causes delay in scaling up their production and use in developing countries. New policies can have a dramatic impact on the pace of introduction of renewable energy, as several developing countries have demonstrated. This paper presents a strategy for sustainable energy development, along with the challenges and opportunities for sustainable energy development in the current national enabling environment.

Key Words　Lao PDR; Energy; Sustainable Development Strategy

Author　Ekto Vongphakdy, Institute of Foreign Affairs at the Ministry of Foreign Affairs of the Lao PDR, Research Fellow.

老挝参与国际陆海贸易新通道建设研究

杨卓娟

【摘要】 国际陆海贸易新通道是推动"一带一路"向纵深发展的重大战略。老挝作为泛亚铁路中线支点国家，有条件成为国际陆海贸易新通道中陆路大通道的关键支点。本文重点从老挝参与国际陆海贸易新通道建设的背景、优势与挑战、进展以及前景四方面展开分析。

【关键词】 国际陆海贸易新通道；互联互通；老挝
【基金项目】2019 年度广西高校中青年教师科研基础能力提升项目"中国对湄公河地区发展援助研究"（2019KY0037）。

【作者简介】 杨卓娟，广西大学中国—东盟研究院，助理研究员。

国际陆海贸易新通道于 2015 年启动，2017 年开始运行，与我国"一带一路"形成有机衔接，是推动"一带一路"向纵深发展的重大战略，在建设过程中得到了中新两国及东盟多国的支持和积极参与。老挝作为中国"一带一路"建设和澜湄合作的重要参与国，与重庆、成都、广西等地积极互动，寻求国际陆海贸易新通道合作机遇。作为泛亚铁路中线支点国家，与跟中国相连的缅甸和越南相比，老挝位于连接中国与东盟国家中线陆路通道上，随着中老合作不断深化，中老、中泰铁路的开通，以及中老经济走廊和中老经济合作区建设的推进，老挝有条件成为国际陆海贸易新通道中陆路大通道的关键支点。基于文献综述，本文重点从老挝参与国际陆海贸易新通道建设的背景、优势与挑战、进展以及前景四方面展开分析。

一、文献综述

　　由于国际陆海贸易新通道（原称为"南向通道"，本文简称"新通道"）概念较新，目前学界关于"新通道"的研究成果不多。于洪君（2018）认为南向通道建设亟待加强，并提出从四方面来努力开启南向通道建设新高潮：一是加强国家层面对互联互通南向通道建设的集中统一领导和指挥；二是将南向通道建设与国家"十三五"规划紧密结合起来；三是要进一步加强与东盟国家的政策沟通、民心相通以及机制体制、标准规范对接，优化与东盟国家的国际多式联运体系；四是中央政府和相关部门要帮助西部地区解决南向通道建设资金支持问题。① 张译丹等（2018）认为中新互联互通项目南向通道是连接"一带"和"一路"、"一带一路"和长江经济带的战略性通道，是推动西部地区新一轮开发开放的重要载体，是构建中国—东盟命运共同体的重要纽带。由于南向物流通道是跨国家、跨区域、跨省市的复合型国际贸易物流通道，存在对通道运输成本带来影响的不确定性因素。因此通过研究南向物流通道、运价成本构成，分析影响南向物流通道成本变化的不确定因素。② 杨祥章、郑永年（2019）认为国际陆海贸易新通道对于连接"一带"与"一路"、促进中国—东盟互联互通、发展中新关系、构建中国对外开放新格局和带动相关省区的发展均具有重要意义。为实现可持续发展，国际陆海贸易新通道的建设要协调好各方利益，并将其建成一个不仅限于中新两国参与的开放性合作平台。③ 雷小华（2019）则认为国际陆海贸易新通道建设的成效和影响都远超预期，不仅为中国与东南亚国家经贸合作搭建了联系纽带，也为澜湄合作注入了新动能。④ 上述文献都比较深入地剖析了"新通道"与"一带一

---

① 于洪君：《"一带一路"的南向通道建设亟待加强》，《大陆桥视野》2018 年第 11 期，第 46 – 47 页。
② 张译丹等：《不确定环境下中新南向物流通道运输成本现状评价与发展对策研究》，《智慧城市》2018 年第 21 期，第 8 – 10 页。
③ 杨祥章、郑永年：《"一带一路"框架下的国际陆海贸易新通道建设初探》，《南洋问题研究》2019 年第 1 期，第 11 – 21 页。
④ 雷小华：《国际陆海贸易新通道建设推进澜湄合作》，中国社会科学网，2019 年 4 月 4 日，http：//www. cssn. cn/gjgxx/gj ＿ bwsf/201904/t20190404 ＿ 4860232. shtml？COLLCC = 1425091226＆，登录时间：2019 年 8 月 10 日。

路"建设的相互关联和推动，这些无疑为本文研究提供了视角和基础，但学界对于"新通道"的研究还有待于丰富和加强，尤其在研究对象上，与"新通道"相关联的东南亚国家，目前还是主要注重加强对新加坡参与海上贸易通道的研究，而对越南、老挝等陆路通道的研究较少，甚至为零。国际陆海贸易新通道涵盖铁海联运、跨境公路联运和跨境铁路联运三条主要线路，因此加强对越南、老挝等国参与"新通道"建设的研究非常必要且意义重大。

二、老挝参与国际陆海贸易新通道建设的背景

国际陆海贸易新通道是以重庆为运营中心，重庆和新加坡为枢纽，广西、贵州、甘肃等省份为重要节点，利用铁路、公路、水运、航空等多式联运方式打造的西部地区实现与东盟及其他国家区域联动和国际合作、有机衔接"一带一路"的复合型对外开放通道。① 截至 2019 年 9 月，老挝虽然没有公开就参与"新通道"进行表态和规划，但就老挝积极对接"一带一路"倡议以及中老关系处于历史最好时期这一大背景和大环境而言，老挝在参与"新通道"建设中可以扮演重要积极角色。

（一）老挝积极对接"一带一路"倡议

"新通道"是推动"一带一路"向纵深发展的重大战略。对于"一带一路"倡议，从老挝国家领导人到媒体评论等都给予了高度认可，无论是老挝国家主席本扬还是政府总理通伦以及外交部长沙伦赛均在各种不同正式场合表示坚定支持中方提出的"一带一路"倡议，老挝将以中老铁路建设为契机，积极与中国展开合作交流，抓住时代机遇，共建"一带一路"，拓展和加强本地区和世界的互联互通。

根据商务部、国家统计局、外汇管理局联合发布的《2017 年度中国对外直接投资统计公报》，自"一带一路"倡议提出以来，2017 年中国境内投资者共对"一带一路"沿线 57 个国家近 3000 家境外企业进行了直接投

---

① 《国际陆海贸易新通道》，中国一带一路网，2019 年 2 月 20 日，https：//www. yidaiyi-lu. gov. cn/zchj/slbk/80076. htm，登录时间：2019 年 8 月 8 日。

资。在中国对外直接投资流量中，老挝排名第六位。到 2017 年末，中国对
"一带一路"沿线国家的直接投资存量为 1543. 98 亿美元，老挝是存量前
十的国家之一。据 2017 年有关中国对东盟投资主要流向统计，交通运输、
仓储和邮政业的投资主要分布在老挝等国家。无论是从中国对"一带一
路"沿线国家的投资流量来看，还是从存量来看，老挝都占有重要地位
（见表 1）。这一定程度上表明老挝对中国在"一带一路"和东南亚投资中
占有重要地位并发挥了关键作用，也间接体现了老挝对"一带一路"建设
的支持力度，说明老挝是中国推动"一带一路"建设的良好平台。

表 1　中国对老挝直接投资存/流量情况 （2010～2017 年）

单位：亿美元

年份	2010	2011	2012	2013	2014	2015	2016	2017
流量	3. 14	4. 59	8. 09	7. 81	10. 27	5. 17	3. 28	12. 2
存量	8. 46	12. 76	19. 28	27. 71	44. 91	48. 42	55	66. 55

资料来源：《2017 年度中国对外直接投资统计公报》。

（二）　中老关系处于历史最好时期

中老合作源远流长且友好交流与合作不断深化。1988 年中老两国恢复
建交，2009 年 9 月两国关系提升为战略合作伙伴关系。2016 年 9 月，中国
国务院总理李克强访问老挝，中老签署共建"一带一路"合作文件。2019
年 4 月两国签署《关于构建中老命运共同体行动计划》，这些都推动着中
老关系持续向前发展。尤其是两国签署的《关于构建中老命运共同体行动
计划》是我国首份以党的名义签署的构建人类命运共同体双边合作文件，
不仅开启了中老关系新时代，成为中老双方史无前例的创举，也在地区和
国际上对推动构建人类命运共同体具有重要引领和示范意义。

伴随中老关系持续深入推进，中老经贸关系发展迅速，中国已成为老
挝最大的投资国、第二大贸易伙伴和第一大援助来源国。2019 年上半年，
中老经贸关系再度取得重大进展。据中国海关总署统计，2019 年 1～6 月
中老贸易稳步增长，双边贸易额达 18. 9 亿美元，同比增长 12. 5%，增幅

在东盟国家中排名第二。① 据中国商务部合作司统计，2019 年 1~6 月中方对老方工程承包新签合同额达 15.8 亿美元，同比增长 198.9%，增幅位居东盟国家第一。② 据中国商务部合作司外派劳务统计，截至 2019 年 6 月，中国对老挝期末在外各类劳务人员达 26119 人，位于东盟国家第二，全球第七。其中工程承包项下期末在外人数达 23273 人，劳务合作项下期末在外人数达 2846 人。③

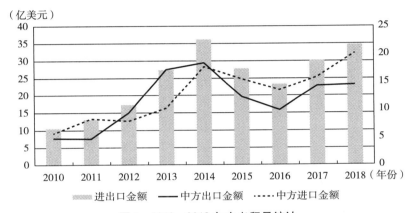

图 1　2010~2018 年中老贸易统计

资料来源：商务部亚洲司，http：//yzs. mofcom. gov. cn/article/g/，登录时间：2019 年 8 月 8 日。

三、老挝参与国际陆海贸易新通道建设的优势与挑战

国际陆海贸易新通道涵盖铁海联运、跨境公路联运和跨境铁路联运三条主要线路。老挝是东盟唯一的内陆国家，可以参与的主要是陆路通道建

---

① 《2019 年 1~6 月中老贸易稳步增长》，中国驻老挝经商参赞处，2019 年 7 月 26 日，http：//la. mofcom. gov. cn/article/jmxw/201907/20190702885110. shtml，登录时间：2019 年 8 月 1 日。
② 《2019 年 1~6 月我对老工程承包新签合同额达 15.8 亿美元》，中国驻老挝经商参赞处，2019 年 7 月 26 日，http：//la. mofcom. gov. cn/article/jmxw/201907/20190702885111. shtml，登录时间：2019 年 8 月 1 日。
③ 《截至 2019 年 6 月我对老派出各类劳务人员达 26119 人》，中国驻老挝经商参赞处，2019 年 7 月 26 日，http：//la. mofcom. gov. cn/article/jmxw/201907/20190702885112. shtml，登录时间：2019 年 8 月 1 日。

设，其参与"新通道"建设主要是通过铁路和公路两种运输方式。目前，"新通道"跨境公路联运共有 3 条线路，分别为：东线（重庆—广西—越南）约 1400 公里，中线（重庆—云南—老挝—泰国—马来西亚—新加坡）约 4200 公里和西线（重庆—云南—缅甸），运输总距离约 2700 公里。跨境铁路联运，主要利用西南地区铁路网络，通过凭祥、磨憨等沿边口岸，与中国和东盟国家正合作建设的泛亚铁路网络衔接。

（一）老挝参与"新通道"建设的最大优势体现在区位优势

老挝北接我国云南省，东临越南，南靠柬埔寨，西与泰国、缅甸相连，位于连接中国与东盟国家间尤其是大湄公河次区域国家间的中间陆路通道上。从东盟国家的角度来看，利用铁路、公路、水运、航空等多式联运方式打造的"新通道"能够让东盟国家通过中国西部省份接入中欧班列。虽然当前"新通道"从重庆出发经广西海运前往新加坡的铁海联运路线已获得相关方共同认可且取得较大进展，但对柬埔寨、老挝、缅甸、泰国等大湄公河次区域国家来说，要走这条通道必须通过大湄公河次区域规划建设中的东部经济走廊，进入越南东部港口，再经北部湾港海运到广西，目前现实意义不大。对于上述国家更有意义的可能是利用现已开通的昆曼公路，或者正在修建的中老、中泰铁路经老挝直接进入云南，再连接中国其他省份和中欧班列。[①] 区位优势使得老挝有望成为陆上东盟国家进入中国优先考虑的选择，尤其是随着 2021 年中老铁路、2023 年中泰铁路的开通，泛亚铁路中线被打通，届时将有更多东盟国家考虑经老挝进入中国。

（二）老挝参与"新通道"建设的最大挑战体现在交通及物流基础设施极其薄弱

老挝是内陆国，不临海，无法发展海洋运输业。境内只有一条铁路，长 3.5 公里，连通泰国曼谷和老挝万象。航空业不发达，到 2019 年，老挝航空公司仅开通了直飞中国、柬埔寨、越南、新加坡、韩国和泰国 6 个亚

---

① 《共建海陆新通道　东盟国家看过来》，中国东盟传媒网，2019 年 2 月 22 日，http：// www. china－asean－media. com/show－42－20329－1. html，登录时间：2019 年 8 月 2 日。

洲国家的航线，而能提供进出老挝航班的国际航空公司也只包括亚洲航空（AirAsia）、曼谷航空（Bangkok Airways）、中国南方航空（China Southern）、中国东方航空（China Eastern）、韩国真航空（Jin Air）、泰国航空（Thai Airways）、越南航空（Vietnam Airlines）和酷航（Scoot Airlines）①。因而老挝的整个交通物流运输极度依赖公路，但公路基础设施同样十分落后。老挝全国公路以土路和碎石路为主，合计约占90%，柏油路和混凝土路分别占13.3%和1.5%。境内重要的跨境国道共6条，其中3条可直接通往越南，2条可直接通往泰国，1条可直接通往柬埔寨。除了数量有限外，老挝的许多公路不符合地区或东盟标准，无法承担众多往来的货物运输，迫使运营商减少每辆卡车运载的货物量，提高了运输成本。虽然老挝已加大力度推动与周边国家间的互联互通，也推动按照东盟标准改造升级原有公路，但由于受资金来源和技术限制，公路相关的总体建设进展依然十分缓慢。

各类基础设施，包括交通基础设施以及促进经济、社会发展以及人员、货物沟通联络等的基础设施，是形成生产、物流以及贸易和交流的网络、促进贸易和运输方面的区域经济合作以及推动人员和货物流动的核心。对内陆国家老挝而言，落后的交通条件严重制约内陆发展经济体，特别是影响中小型企业的发展②。Limao 和 Venables（2001）的研究表明，运输成本每下降10%，贸易则增长25%。内陆经济体的运输成本比沿海经济体高出50%。③ 对于内陆国家而言，运输成本是比进出口货物关税更大的贸易壁垒（Ki - Moon，2008）。④ 同样，联合国贸易和发展会议（UNCTAD，

① "Charter Flights Set to Bolster Tourism between Hangzhou, Vientiane", *Asia News Network*, August 5, 2019, http://www. asianews. eu/content/charter - flights - set - bolster - tourism - between - hangzhou - vientiane - 101453, 登录时间：2019 年 8 月 6 日。

② Arvis, J., Carruthers, R., Smith, G. and Willoughby, C., "Connecting Landlocked Developing Countries to Markets: Trade Corridors in the 21st Century", *Directions in Development*, *World Bank*, Washington D. C., 2011.

③ Limao, N. and Venables, A. J., "Infrastructure, Geographical Disadvantage, Transport Costs, and Trade", *The World Bank Economic Review*, Vol. 15, No. 3, September 2001, http://documents. worldbank. org/curated/en/662351468331778084/Infrastructure - geographicaldisadvantage - transport - costs - and - trade, 登录时间：2019 年 8 月 6 日。

④ Ki - Moon, B., "Transport Costs Now Bigger Barrier to Trade Than Tariffs, Secretary - General Tells High - Level Meeting on Special Needs of Landlocked Developing Countries", *United Nations SG/SM/11846 - GA/10761 - DEV/2695*, October 2, 2008, https://www. un. org/press/en/2008/sgsm11846. doc. htm, 登录时间：2019 年 8 月 10 日。

2010）的一项研究表明，与其他发展中国家相比，内陆国家用于支付运输和保险服务的出口收入平均增加近 1 倍，其花费是发达国家的 3 倍。① 增加私营部门主导的增长是老挝 2016～2020 年第八次国家社会经济发展规划的重点。② 世界银行的一项研究发现，运输成本和物流质量在老挝企业与地区和全球价值链接轨的能力中发挥着关键作用。高昂的运输成本会削弱老挝私营部门的竞争力。③

除了交通基础设施落后，在老挝，由于缺乏物流中心和现代化的运输管理系统，很难对卡车运输业进行监管，导致本已高昂的运输成本再度增加，给内陆国家老挝的制造商带来负担，削弱了他们相对于地区竞争对手的竞争优势。也就是说，在老挝推动"新通道"建设，不仅要加强交通基础设施建设，也要加强通信以及物流等基础设施建设。

四、老挝参与国际陆海贸易新通道建设的进展

目前，老挝参与"新通道"建设在基础设施互联互通、产业共建等方面的合作均已起步，主要以中老铁路和磨憨—磨丁经济合作区为代表。目前两个重要项目进展顺利。

（一）基础设施互联互通方面：泛亚铁路中线——中老铁路进展顺利

中老铁路是老挝可以倚重参与"新通道"的最重要项目，该铁路北端与中国境内的玉溪至磨憨铁路对接，南端与泰国的廊开至曼谷铁路相连，共同构成中老泰国际铁路大通道。中老铁路作为泛亚铁路贯穿中南半岛的关键一段，不仅是连接中国和老挝的交通运输通道，还是连接中国和东南

① Feride Inan and Diana Yayloyan, "New Economic Corridors in the South Caucasus and the Chinese One Belt One Road", *The Economic Policy Research Foundation of Turkey*（TEPAV）.

② "World Bank: Better Business Environment Vital to Sustain Strong Growth", *Vientiane Times*, http://www.vientianetimes.org.la/freeContent/FreeConten_World.php, May 29, 2019，登录时间：2019 年 8 月 10 日。

③ "Prices of Consumer Staples under Control: PM", *Asia News Network*, http://annx.asianews.network/content/prices-consumer-staples-under-control-pm-98465, June 14, 2019，登录时间：2019 年 8 月 10 日。

亚各国铁路网建设的起点，推动中国与所有东南亚国家连接起来，对区域合作和东南亚融合具有重大历史和战略意义，应加快地区贸易、投资、服务、金融等多方面的合作。① 凭借此条铁路，老挝有望超越越南和缅甸成为泛亚铁路的第一站和中国与东盟地区的重要中转国，提升老挝的区域地位，使老挝30年前将老挝与周边国家连接起来的国家发展计划有了实现的可能。

目前，中老铁路不仅进展顺利，还比计划时间提前了。中老铁路首座长隧道——磨丁隧道于2019年3月完成钻探和建设。截至2019年7月，中老铁路土建施工累计完成73.9%，可望于2021年底竣工通车②。除中老铁路自身建设进展顺利外，中老铁路和中泰铁路的连接合作等事宜也有了新进展。2019年4月第二届"一带一路"国际合作高峰论坛期间，中老泰三国一道签署了政府间合作建设廊开—万象铁路连接线的合作备忘录，就中老铁路和中泰铁路连接线有关合作事宜进行了磋商，达成多项共识。

（二）产业共建方面：两国在产业园区共建上取得积极有效进展

产业是"新通道"可持续健康发展的重要基础，是"新通道"繁荣的有力支撑和保障，"新通道"的建设离不开沿线产业发展。经济特区是老挝产业和经济发展的重点，也是中老经济走廊建设的关键。自2002年起，老挝在全国共建设12个经济特区，目前与中老经济走廊及"新通道"建设最为相关的经济特区主要是磨憨—磨丁经济合作区（在老挝称为磨丁经济特区）和万象赛色塔综合开发区，尤其磨憨—磨丁经济合作区处于泛亚铁路中线、昆曼公路、磨万高速等交通网络与中国西南交通网络无缝对接的重要节点，同时也是中老泰三国陆路货物运输、跨境旅游的中转站和集散地。中老磨憨—磨丁经济合作区由位于中方区域的磨憨经济开发区和位于老方区域的磨丁经济特区构成。在两国领导人的见证下，中老两国分别

---

① 杨卓娟：《中老铁路：推动东盟区域一体化建设》，《国别和区域研究》2019年第1期，第53页。

② 《姜再冬大使就加强中老外交智库交流互鉴答记者问》，中国驻老挝大使馆，2019年7月23日，http://la.china-embassy.org/chn/xwdt/t1682667.htm，登录时间：2019年8月3日。

于 2015 年 8 月和 2016 年 11 月共同签署了《中国老挝磨憨—磨丁经济合作区建设共同总体方案》和《中国老挝磨憨—磨丁经济合作区共同发展总体规划（纲要）》①。经过 4 年多的努力，中老磨憨—磨丁经济合作区建设取得重大突破。磨憨国际陆路快件监管中心、磨憨—磨丁口岸货运专用通道、磨憨国际客运物流中心等一批重点项目建成，国际贸易"单一窗口"平台与边民互市系统成功对接。2018 年，磨憨口岸进出口货运量达 402.99 万吨，出入境交通工具达 42.15 万辆次，出入境人员达 141.92 万人次，与 2014 年相比分别增长了 163.13%、40.92%、53.84%。②

作为"一带一路"建设的重要合作项目，磨丁经济特区致力于将特区打造成中老泰经济走廊的枢纽新城以及老挝北方经济中心。为加快推动中老磨憨—磨丁经济合作区的发展，老挝磨丁经济特区积极推进各项基础设施和核心项目建设，国际商业金融中心、物流加工园区、景区及旅游度假区等项目全面投入施工，预计总投资约 30 亿元人民币。③ 截至 2019 年 3 月，特区已完成部分基础设施和核心项目建设，招商工作也正有序进行。④ 磨丁经济特区免税购物中心、物流中心一期、磨丁秀表演馆改造等项目均已完工并投入使用。后续还会有很多社会服务设施相继建设完成。老挝磨丁经济特区启动期规划用地面积为 16.4 平方公里，依托快速路网的交通优势和区位优势，磨丁经济特区将成为未来中老泰三国陆路货物运输的中转站和集散地，构建一条保税、加工、物流的现代产业链，打造老中两国边境地区特色加工制造业基地，具备海关检疫联检、国际公路港、信息交易、仓储物流、冷冻冷藏、公铁联运、商贸交易、配套服务、商务办公等众多功能。⑤

---

① 《中国老挝磨憨—磨丁经济合作区联合协调理事会第一次会议召开》，《老挝时报》，2018 年 5 月 17 日，http://www.laoschina.com/newsinfo/220454.html，登录时间：2019 年 8 月 5 日。

② 《西双版纳：着力构建面向东南亚重要枢纽》，老挝要闻，2019 年 8 月 10 日，https://mp.weixin.qq.com/s/avCr7i0UHfQXKnr60zpt1g，登录时间：2019 年 8 月 11 日。

③ 《磨丁经济特区投资剧增　未来或成老挝北部经济中心》，中国老挝磨憨—磨丁经济合作区管理委员会，2018 年 2 月 1 日，https://ynmhjkq.xsbn.gov.cn/118.news.detail.dhtml?news_id=298，登录时间：2019 年 8 月 1 日。

④ 《东南亚铁塔公司与老挝磨丁经济特区签约　助其打造智慧城市》，光明网，2019 年 3 月 18 日，http://economy.gmw.cn/2019-03/18/content_32650326.htm，登录时间：2019 年 8 月 10 日。

⑤ 《从荒无人烟变高楼耸立，见证老挝磨丁特区，一座时代新城》，老挝通，2019 年 4 月 15 日，https://mp.weixin.qq.com/s/apH71CFi1LbsXjngkgrDkA，登录时间：2019 年 8 月 15 日。

五、老挝参与国际陆海贸易新通道建设的前景

自 2013 年 9 月中国提出"一带一路"倡议以来，老挝积极参与，将本国"变陆锁国为陆联国"战略与"一带一路"倡议对接。2017 年"新通道"运行以来，老挝政府更是积极参与，加快与中国在交通、物流等方面的合作。2017 年中共十九大后，中共中央总书记、国家主席习近平将老挝作为首次外访对象国，并签署了共建中老经济走廊等合作文件。自此，中老经济走廊建设开始受到两国重视并受到广泛关注。伴随着中老铁路的顺利推进，中老经济走廊建设成为两国合作重点。经济走廊建设的目的是形成生产、物流以及贸易和交流的网络，促进贸易和运输方面的区域经济合作，推动人员和货物流动。经济走廊建设与"新通道"建设目标一致，中老经济走廊不仅是中国与老挝间的贸易和经济合作发展门户，也是中国—中南半岛以及中国与东盟实现区域经济合作的平台和桥梁。老挝参与"新通道"建设与中老关系紧密相连。随着中老关系深化，中老共建"一带一路"相关项目的进展，以及中老经济走廊建设的展开，老挝将进一步改善国内交通基础设施状况和促进产业经济发展。中老经济走廊建设、发展和被重视本身将对老挝参与"新通道"建设起到巨大助推作用。

作为中老经济走廊的重要项目，磨丁经济特区正积极寻求与中国西南省份的合作，推动中南半岛经济走廊与中国西南经济圈的物流贸易发展，寻求"新通道"合作机遇，提前布局国际陆上直达通道。2019 年 7 月，老挝磨丁经济特区代表团赴成都自贸试验区考察，并建立战略合作关系。同年 8 月 1 日，老挝磨丁经济特区与成都国际铁路港签署合作备忘录，计划构建以"成都—磨丁"为中转枢纽的亚欧海铁联运物流网，完善中国西部联通东盟各国的泛亚公铁多式联运网络，打造南向陆上丝绸之路大枢纽。[①]由此可见，随着中老经济走廊建设的深入开展，老挝在"新通道"建设过程中必将扮演更为重要的角色，也必将进一步促进中老关系的全面提升。正如老挝公共工程与运输部副部长善提苏克·新马拉翁所言，"在陆海贸

[①]《成都国际铁路港与老挝磨丁经济特区签署合作备忘录》，中国新闻网，2019 年 8 月 7 日，http://www.sc.chinanews.com/bwbd/2019－08－07/110357.html，登录时间：2019 年 8 月 9 日。

易、旅游和人文交流等方面，中国与东盟共同打造的国际陆海贸易新通道正在发挥重要作用"。①

Research on Laos' Participation in the Construction of New International Land – Sea Trade Corridor

Yang Zhuojuan

Abstract　The New International Land – Sea Trade Corridor is an important strategy to promote the deep development of BRI. As the pivot country of the middle line of the Pan – Asia railway, Laos has the conditions to become the key pivot of the major overland route in the New International Land – Sea Corridor. The paper focuses on the background, advantage & Challenge, progress and prospect of Laos' participation in the corridor construction.

Key Words　New International Land – Sea Trade Corridor; Connectivity; Laos

Author　Yang Zhuojuan, China – ASEAN Research Institute of Guangxi University, Assistant Research Fellow.

---

① 《共建陆海贸易新通道——第十届泛北部湾经济合作论坛综述》，人民网，2018 年 5 月 28 日，http://paper.people.com.cn/rmrb/html/2018 – 05/28/nw.D110000renmrb_20180528_2 – 06.htm，登录时间：2019 年 8 月 8 日。

"东盟互联互通总体规划 2025" 和 "一带一路" 倡议对接：如何促进人文交流？

努尔·拉和马特·尤利安托罗（著） 杨卓娟（译）*

【摘要】2019 年 11 月 3 日，东盟和中国领导人发布了关于"东盟互联互通总体规划（MPAC）2025"和"一带一路"倡议对接合作的《联合声明》。"东盟互联互通总体规划 2025"和"一带一路"倡议均有其优先发展的关键事项，其中"东盟互联互通总体规划 2025"优先发展的关键事项包括便利人员往来流动，"一带一路"倡议优先发展的关键事项包括更紧密的人文交流。人员往来流动和人文交流很重要，因为人民之间的相互了解是进一步促进该区域经济合作的必要条件。加强人员交流有利于促进互信和相互了解，因而应是"东盟互联互通总体规划 2025"和"一带一路"倡议能够取得成功对接的关键。本文提出以下几项政策建议：加强人力资源开发；提供更多的职业培训；加强"相互承认协议"；推动游客数量增长；为高等教育创造更多机会，提高对青年问题的认识；促进某些代理机构在相互了解方面的作用；支持任何提高人民收入的实际努力。

【关键词】东盟互联互通总体规划；"一带一路"；人文相通

【作者简介】努尔·拉和马特·尤利安托罗（Nur Rachmat Yuliantoro），印度尼西亚加札马达大学社会科学与政治科学院国际关系部主任，博士。

---

* 杨卓娟，广西大学国际学院，助理研究员。

"互联互通已成为衡量区域一体化程度的时髦指标"——达斯①

一、背景介绍

2019 年 11 月 3 日，东盟十国与中国发表"东盟互联互通总体规划（MPAC）2025"和"一带一路"倡议对接合作的《联合声明》，这极大地推动了东南亚多边主义的发展。在泰国曼谷举行的第 22 次中国—东盟领导人会议上，双方宣布将加强"东盟互联互通总体规划 2025"与中国"一带一路"倡议的对接。《联合声明》重点关注"东盟互联互通总体规划 2025"和"一带一路"预期目标下的若干发展项目，进一步拓展了《中国—东盟战略伙伴关系 2030 年愿景》中的共同利益。

自 2003 年以来，东盟致力于通过东盟共同体建设进一步推动区域多边框架努力。东盟共同体包含三大支柱：东盟经济共同体、东盟政治安全共同体和东盟社会文化共同体。根据东盟共同体框架，东盟于 2010 年 10 月 28 日在河内宣布通过"东盟互联互通总体规划"（MPAC）。②"东盟互联互通总体规划"以物理连接、制度和人员交流互联互通为基础。2016 年 9 月 6 日东盟在老挝万象宣布推出"东盟互联互通总体规划 2025"，致力于推动该地区在基础设施建设、物流、数字创新和熟练劳动力方面的发展。③"东盟互联互通总体规划 2025"聚焦五大关键领域：可持续基础设施、数字创新、无缝物流、卓越监管和人员流动。在很大程度上，这五大关键领域与"一带一路"五通，即政策沟通、设施联通、贸易畅通、金融融通、

---

① Sanchita Basu Das, "ASEAN's Regional Integration will be Determined by Better Connectivity in the Future", *ISEAS Perspective* 28（31 May），2016，p. 2，https：//www. iseas. edu. sg/images/pdf/ ISEAS_ Perspective_ 2016_ 28. pdf.

② ASEAN, *Master Plan on ASEAN Connectivity*, Jakarta：ASEAN Secretariat, https：//www. asean. org/storage/images/ASEAN_ RTK_ 2014/4_ Master_ Plan_ on_ ASEAN_ Connectivity. pdf, 2011.

③ Phidel Vineles, "ASEAN Connectivity：Challenge for an Integrated ASEAN Community", *RSIS Commentary* 010（11 January），https：//www. rsis. edu. sg/wp – content/uploads/2017/ 01/CO17010. pdf, 2017.

民心相通相对应。①

　　理论上，"东盟互联互通总体规划2025"和"一带一路"倡议对接充满希望。中国目前是世界上第二大经济强国，同时东盟作为一个整体的经济实力使得该地区有望成为世界上最繁荣的地区之一。然而，现实来看并非如此，"东盟互联互通总体规划2025"和"一带一路"倡议都面临各自的问题和挑战，更别提对接过程中出现的问题和制约因素。

　　本文聚焦实现"东盟互联互通总体规划2025"和"一带一路"倡议对接需要做的努力，尤其是在加强人文交流方面做的努力。在制度和物理互联互通的基础上，民心相通成为"东盟互联互通总体规划2025"中的重要发展框架，这使得"东盟国家公民在本地区的旅行限制已基本成为历史"。② 民心相通的目标包括推动支持教育和人力资源开发、鼓励创业、促进文化交流、促进旅游业发展等各项举措。

　　聚焦人文交流很重要，因为它有助于建立信任，而信任是加强经济合作的必要条件。没有相互理解，就不可能实现信任。反过来，相互理解又需在该区域人民更自由流动和共享更多经验的基础上得到发展。东盟和中国关系的发展历史表明，建立信任不是一个容易的过程。虽然在"冷战"期间，意识形态和战略问题将中国和东盟国家分隔开来，但自20世纪90年代初以来，双方关系开始改善，特别是在经济领域。黄海涛表示，中国是第一个利用这一情况（应指人文交流）开始与东盟进行更密切和更广泛交往的国家，包括在政治和安全领域。黄海涛认为："加强人文交流，在一定程度上有助于建立了解彼此真正利益和意图的基础。多层次的信任建设将有助于中国和东盟国家在未来建立稳定、健康的关系，中国的'一带

---

①　ASEAN，"ASEAN – China Joint Statement on Synergising the Master Plan on ASEAN Connectivity（MPAC）2025 and the Belt and Road Initiative（BRI）"，No. 3，2019，https：//asean. org/storage/2019/11/Final – ASEAN – China – Joint – Statement – Synergising – the – MPAC – 2025 – and – the – BRI. pdf；The State Council of the People's Republic of China，"Connectivity set to accelerate as China，ASEAN align development plans"，No. 3，2019，http：//english. www. gov. cn/news/ internationalexchanges/201911/03/ content _ WS5dbeccffc 6d0bcf8c 4c165d4. html，2019.

②　ASEAN，*Master Plan on ASEAN Connectivity* 2025，https：//asean. org/storage/2016/09/ Master – Plan – on – ASEAN – Connectivity – 20251. pdf，2016，p. 10.

一路'倡议可以部分实现这一目标。"① "东盟互联互通总体规划 2025" 和
"一带一路"倡议有望实现互补。本文正是在这一框架内阐释推动对接已
开展的工作,并就今后推动取得进展提出建议。

二、对接的意义

过去 30 年来,东盟与中国关系集中在发展政治、经济(投资和贸易)
和安全等领域的合作。可以说,"东盟互联互通总体规划 2025" 和 "一带
一路"倡议对接合作,经济发展是各方的共同目标。但是,经济发展、政
治关系稳定和区域安全的维护离不开信任和相互理解,而信任和相互理解
可以通过更广泛的人员交流互联互通来实现。这种互联互通 "通过促进文
化和学术交流、媒体合作以及扩大旅游规模为整个倡议提供了民意基
础"。② 印度尼西亚著名的中印尼关系专家尤素福·瓦南迪(Jusuf Wanan-
di)认为 "这就是教育、艺术、文化、体育和青年等领域的关系对相互理
解和信任至关重要的原因。而在东亚地区,相互理解和信任对区域共同体
建设尤为重要"。③ 这就表明,人文交流必须始终是 "东盟互联互通总体规
划 2025" 和 "一带一路"倡议对接合作的重点之一。

赵洪表示,将 "东盟互联互通总体规划 2025" 与 "一带一路"倡议
联系起来,是一项有望为东盟成员国和中国带来共同利益的战略。这项战
略的另一个名称是 "对接",这是中国为确保 "一带一路"的愿景、使命
和政策与参与 "一带一路"的伙伴国家的发展规划相一致而选择的概念。
中国政府在 2015 年发布的关于 "一带一路"建设的愿景和行动,强调的
重点之一就是增进沿线人民的相互了解……(因此 "一带一路")要坚持

---

①　Huang Haitao, "The Role of Trust in China – ASEAN Relations: Towards a Multi – level Trust Building for China and ASEAN", *International Journal of China Studies*, Vol. 8, No. 1, 2017, pp. 55 –56.

②　Das. (2016), p. 28.

③　Jusuf Wanandi, "Overcoming Obstacles in ASEAN – China Relations", In Lai Hongyi & Lim Tin Seng (eds.), *Harmony and Development*: *ASEAN – China Relations*, Singapore: World Scientific, 2007, pp. 12 – 13.

共商共建共享。① 相互理解可以增进有关各方之间的信任，从而保障共同利益。赵洪补充说，在"一带一路"框架下，中国将与东盟对接共同发展计划，并表示"一带一路"与"东盟互联互通总体规划2025"之间的对接合作，对促进地区发展是有必要的。②

多年来，中国一直致力于与东盟在众多领域展开密切合作，东盟成员国也集体欢迎中国提出的共同努力促进本地区经济发展的呼吁。例如，2014年在缅甸内比都举行的第25届东盟峰会上，东盟表示欢迎中国发起的亚洲基础设施投资银行（AIIB）的成立，并对从该行获得对"东盟互联互通总体规划"的支持充满特别期待。③ 可以看到，双方都在通过加强对接合作来寻求更紧密、更牢固的关系。截至当前，东盟10个成员国全部加入亚洲基础设施投资银行，进一步明确了东盟与中国协同发展的方向。

"东盟互联互通总体规划2025"是东盟为在众多方面加强区域一体化，特别是经济发展而提出的倡议。然而，考虑到东盟自身也存在一些障碍和困难，这并不是一件容易的事情。布鲁诺·杰丁（Bruno Jetin）指出，主要障碍是东盟成员国中大陆和海洋国家之间的经济差距和发展不平衡。东盟也没有足够的资金来确保"东盟互联互通总体规划2025"的所有优先事项都能得到满足——这就是与中国对接合作的重要性，中国可以通过"一带一路"提供资金援助。此外，东盟内部缺乏普遍接受的标准规则和程序，政治利益相互冲突，导致本地区组织对追求互联互通梦想方面不够重视。大批中国劳工进入中国投资的基础设施项目工作所带来的问题，也对

---

① The National Development and Reform Commission, Ministry of Foreign Affairs, and Ministry of Commerce of the People's Republic of China, "Vision and Actions on Jointly Building Silk Road Economic Belt and 21st - Century Maritime Silk Road", 28 March 2015, http: //en. ndrc. gov. cn/ newsrelease/201503/ t20150330_ 669367. html.

② Zhao Hong, "Can China's OBOR Initiative Synergize with AEC Blueprint 2025?", *Perspective* 62 (16 November), 2016, p. 5, https: //www. iseas. edu. sg/images/pdf/ISEAS_ Perspective_ 2016_ 62. pdf.

③ Sanchita Basu Das, "Can the China - led AIIB Support the ASEAN Connectivity Master Plan?", *Perspective* 30 (24 June), 2015, p. 5, https: //think - asia. org/bitstream/handle/11540/ 10993/ iseas_ perspective_ 2015_ 30. pdf? sequence = 1.

东盟成员国的国内政治稳定产生了影响。① "东盟互联互通总体规划2025"与"一带一路"倡议对接，主要取决于东盟成员国国内政治环境、彼此关系以及东盟与中国的关系。

"对接合作"是推动东盟与中国进一步发展合作的关键词。各方认为，"东盟互联互通总体规划2025"与"一带一路"建设要取得最优效果，需要参与各国的广泛支持，且支持产生于对接的过程中。《联合声明》表明：

> "东盟互联互通总体规划2025"与"一带一路"倡议对接有助于区域互联互通、和平稳定、经济繁荣和可持续发展……作为加强本地区各种互联互通战略对接的一部分，通过对接"东盟互联互通总体规划2025"与"一带一路"倡议中共同关注的优先事项对提高东盟和中国之间的互联互通、实现互利共赢……高水平、以人为本、可持续发展的目标（很重要）。②

为推动对接合作目标实现，东盟成员国和中国领导人已经宣布了若干优先事项，包括改善高标准基础设施项目在东南亚的发展以提供更多物理连接、加强区域贸易和投资以支持区域全面经济伙伴关系的建立（RCEP）和其他互惠互利的经济合作、推动有关数字经济合作的努力、加强人文交流以及利用现有机制保持对话与磋商。③

《联合声明》强调，"东盟互联互通总体规划2025"与"一带一路"倡议对接合作是实现地区共同繁荣的迫切需要。但是，这里应该强调的是，没有信任，对接就无法运转。而信任的建立和发展应通过加强各级别和各种活动中的更广泛的人员交流来实现。在不忽视其他有关"东盟互联互通总体规划2025"与"一带一路"对接合作的优先任务的前提下，加强人文交流应得到更大重视。

---

① Bruno Jetin, " 'One Belt – One Road Initiative' and ASEAN Connectivity: Synergy Issues and Potentialities", Working Paper No. 30 Institute of Asian Studies, University of Brunei Darussalam, 2017, pp. 9 – 11. http://ias. ubd. edu. bn/wp – content/uploads/2018/09/working_ paper_ series_ 30. pdf.

②③ *ASEAN – China Joint Statement on Synergising the Master Plan on ASEAN Connectivity* (*MPAC*) 2025 *and the Belt and Road Initiative* (*BRI*), pp. 1 – 3.

三、已做工作有哪些？

人与人之间的联系可以采取不同的形式，这些形式将指导相应的活动和目的。它可能包括东盟成员国和中国政府官员之间的相互交流、私营部门的交流与合作、留学和职业技能的培训、丰富多彩的文化引进以及促进旅游业及其相关产业的发展。这些不仅可以实现各自的既定目标，也可以成为"东盟互联互通总体规划2025"与"一带一路"倡议相连接的纽带。

需要指出的是，加强人文交流将从便利的人员流动中获得巨大支持。由此而论，基础设施项目和通信网络的建设将促进东盟成员国和更广泛区域范围内的人口流动。然而，一名菲律宾政治学家说到，"一带一路"计划下的几个基础设施项目，由于缺乏就业机会和带来潜在环境危害而受到当地人的批评。这些项目把当地人作为"预期的受益者，但他们比政府和精英们面临更大的风险"。① 在人员流动方面，另一个需要关注的问题是边界的存在，以及管理东南亚国家与中国居民之间关系的国内法和国际法。便利的人员流动将极大地促进"东盟互联互通总体规划2025"与"一带一路"倡议对接合作进程，但这并不意味着必须牺牲作为国家主要利益的主权。此外，还应将经济问题作为人文交流互联互通的决定性因素："中国对'东盟互联互通总体规划'的兴趣将取决于基础设施项目能在多大程度上促进东盟经济体与中国的联系。"②

在"东盟互联互通总体规划2025"通过之前，多项指标表明东盟国家与其合作伙伴，特别是与中国之间存在着文化联系和人文关系。所有这些都加强了东盟与中国之间已经发展起来的政治、经济和安全关系。然而，要让社会的方方面面都参与进来，而不局限于政治家、官员、商人和安全机构，就需要付出更多的努力来改善人员流动的便利性和更密切的人际关

---

① Diana J. Mendoza, "The Belt and Road Initiative and ASEAN: Cooperation or Opportunism?", *Business World*, 2018, No. 12, https://www.bworldonline.com/the-belt-and-road-initiative-and-aseancooperation-or-opportunism/.

② Das (2015), p. 7.

系，年青一代则是中心关注点。① 根据"东盟互联互通总体规划 2025"，一些措施已被采取以加强人员交流。这些措施包括东盟课程资源手册的开发及其在各级学校的使用、东盟虚拟学习资源中心（AVLRC）网站的管理、② 东盟大学网络（AUN）计划倡议的推动，以及东盟内部旅游及其相关产品的多样化。然而，尽管有一些相互承认协议（MRA）已经到位，③ 使得"东盟互免签证框架协定""东盟自然人流动协定"④ 和与中国间签订的相关协定的落实成为可能，⑤ 但在东盟内部还存在更广泛的工人和专业人员流动方面的限制，尤其是在缺乏区域接受的标准和条例情况下，更是如此。⑥

四、政策建议

《联合声明》表明，东盟和中国将"通过加强教育、青年、旅游、人力资源、技术合作、媒体、智库和地方政府，包括设立中国—东盟青年领

---

① Ong Keng Yong, "Further Enhancing ASEAN – China Relations", In Lai Hongyi & Lim Tin Seng (eds.), *Harmony and Development：ASEAN – China Relations*, Singapore：World Scientific, 2007, p. 9.

② The ASEAN Curriculum Sourcebook is important as it helps "to educate primary and secondary school students about ASEAN and what it involves, so they have a greater understanding of the region and its peoples". Meanwhile, AVLRC's main purpose is "to foster greater information and knowledge sharing about ASEAN and its member countries by using IT technology to make it easier to access and share information about the people, culture, history, places of interest, and economies of each ASEAN Member State". See ASEAN – Australia Development Cooperation Program Phase II. (n. d.) ASEAN Connectivity – Key Facts, http：//aadcp2. org/wp – content/uploads/ASEAN_ People – to – PeopleConnectivity. pdf.

③ See ASEAN. (n. d.), "Mutual Recognition Arrangements in Services – ASEAN Professionals on the Move", https：//www. asean. org/wp – content/uploads/images/2015/October/outreach – document/ Edited％20MRA％20Services – 2. pdf.

④ See Elisa Fornalé, "ASEAN People – to – People Connectivity：The Role of the Mutual Recognition Regime", *European Journal of East Asian Studies*, Vol. 17, No. 1, 2018, pp. 38 – 39.

⑤ Na Wei, "Exploring the Significance of the Connectivity between China and ASEAN under the One Belt One Road Initiative", In Xiaojun Lu (ed.), *The 2019 International Conference on Emerging Researches in Management, Business, Finance and Economics (ERMBFE 2019) Proceeding*, London：Francis Academic Press, 2019, p. 222. DOI：10. 25236/ermbfe. 2019. 035.

⑥ *Master Plan on ASEAN Connectivity* 2025, p. 21.

袖奖学金（ACYLS）旗舰项目和改善民生等领域的合作来增强民心相通"①。基于加强民心相通是"东盟互联互通总体规划2025"与"一带一路"倡议对接合作的关键，本文建议相关各方采取以下措施：

一是加强人力资源开发。东南亚各国政府及其有关机构可以利用中国政府提供的援助，努力发展人力资本和工人技能。根据"东盟互联互通总体规划2025"，该地区需要更多有足够资格的工人来应对时代变化，从而减少不平等和贫困。"一带一路"应该能够为当地工人提供充分的能力建设，让其参与各种项目的建设，同时为其提供适当的培训。

二是为职业技能提供更多的培训和资格标准。"东盟互联互通总体规划2025"将此项作为其主要目标之一。由于该地区将建设许多基础设施项目，具有良好职业技能的工人成为必需。作为政府"走出去"战略的一部分，中国企业可以在建立"一带一路"项目与东南亚对合格工人的需求之间的联系方面发挥重要作用。为了实现这一目标，需要进行相关的培训计划。

三是加强必要的能力建设，以增加东盟内部以及东盟与中国之间相互承认协议的数目。东盟需更加努力，确保"东盟互免签证框架协定""东盟自然人流动协定"所载规则得到落实。在与中国互联互通的背景下，一些相关规则在经过一定的调整后，也可以尝试使用。这一举措的成功实施将间接对一些经济领域的发展产生重大影响，这也是"东盟互联互通总体规划2025"和"一带一路"的共同目标。

四是安排更适当的程序和标准来增加游客的数量。正如"东盟互联互通总体规划2025"所主张的，这项政策旨在为包括中国游客在内的许多游客"前往该地区及在该地区内旅行提供便利"。简化获得签证的程序（尽管这仍然取决于单个国家的规定）可能会有很大帮助。作为补充，东盟成员国和中国之间应为某些类型的游客，特别是短期游客提供免签证或落地签证计划。能广泛获得以英语和当地语言提供的各种形式的旅游信息将会为"东盟互联互通总体规划2025"和"一带一路"所追求的便利的出行带来额外价值。

五是增加国际及东盟学生在东南亚著名高等院校学习的人数，同时为东盟学生在中国学习提供更多的机会。学生流动是人文交流的另一个重要组成

---

① *ASEAN – China Joint Statement on Synergising the Master Plan on ASEAN Connectivity*（*MPAC*）*2025 and the Belt and Road Initiative*（*BRI*），p. 3.

部分，更重要的是其教育给社会带来的好处。与此政策相关的实例有：于
2019 年刚刚成立 10 周年的东盟国际学生流动计划（ASEAN International
Mobility for Students Program）、中国—东盟大学组织奖学金（China – AUN
Scholarship）。对于来自东盟成员国或中国的有抱负的国际学生，政府应在政策
中提出放宽程序和规定，作为对个别大学或学院政策的补充。东盟国家和中国
政府能为各自的学生广泛提供奖学金，让学生在交换或学位项目中学习彼此的
文化，这是非常令人赞赏的。正是在这一背景下，东盟各国政府、私营部门、
公众以及中国通力合作设立的中国—东盟青年领袖奖学金（ACYLS）应成为
"东盟互联互通总体规划 2025"与"一带一路"教育对接的优先方向。

六是扩大现有可利用的渠道，包括社会媒体，提高对该地区青年问题
的认识。青年人口对该区域的发展非常有利，特别是在其对经济发展的贡
献方面。除此之外，还有一些关于青年的问题：教育、身心健康、自我能
力、与社会其他群体的关系以及其对未来的希望。"东盟互联互通总体规
划 2025"与"一带一路"可以共同努力，鼓励在地方法规和文化下建立提
高青年意识和自我发展的众多渠道。

七是推动媒体、智库和地方政府在促进地区相互了解方面发挥更大作
用。按照"东盟互联互通总体规划 2025"与"一带一路"倡议愿景规划，
鼓励媒体报道彼此文化，鼓励智库专家加强交流，鼓励中国与东盟国家建
立更多的姐妹城市。

八是支持任何提高人民收入的实际努力，特别是提高那些被认为生活
在贫困线以下的人的收入。这对"东盟互联互通总体规划 2025"与"一带
一路"建设的经济成果也具有重要意义。东南亚和中国的贫困人口数量非
常多，因此需要政府和私营部门采取迅速和适当的行动来缓解贫困。对某
些职业进行更多的培训和对成功的中小型企业给予有关奖励是可以进一步
采用的现实案例。

结　语

"东盟互联互通总体规划 2025"与"一带一路"倡议有相似的核心目
标：通过提供更多高质量的基础设施，促进贸易、投资、交通、通信便利
化以及鼓励更紧密的人员交流促进东南亚区域互联互通。更紧密的人员交
流应被视为两大发展战略之间可能实现成功对接的关键，因为它可以建立

更多的信任和相互理解。

正如本文开头所述，在互联互通背景下，尝试并计划采取措施加强人文交流十分重要。"东盟互联互通总体规划2025"与"一带一路"倡议对接有两个对应的长期目标，一是要建立区域信任，二是要促进区域经济发展。没有信任和相互理解，东盟成员国和中国的任何政府、私营部门和公民都不愿相互合作，这是可以理解的。而这将阻碍"东盟互联互通总体规划2025"与"一带一路"倡议的预期结果。

"Connecting the Master Plan on ASEAN Connectivity 2025" and "the Belt and Road" Initiative: How to Promote People – to – People Ties

Nur Rachmat Yuliantoro

Abstract　On 3 November 2019, ASEAN and Chinese leaders made a joint statement to synergize "the Master Plan on ASEAN Connectivity (MPAC) 2025" and "the Belt and Road" Initiative (BRI). These two development strategies have their key priorities. Among them are people mobility (the MPAC 2025) and closer people – to – people relations (the BRI). This is important as mutual understanding among people is imperative for greater economic cooperation in the region. This shall be considered as the main key for the possible success of synergy between both development plans as it can build more trust and mutual understanding. Several policy recommendations are offered here: To improve human resources development; to provide more vocational training; to enhance mutual recognition arrangement; to arrange for the increasing number of tourists; to create more opportunities for higher education, to raise awareness of youth issues; to promote the role of certain agents in building mutual understanding; and to support any practical efforts to lift people's income.

Key Words　MPAC; BRI; people – to – people connectivity

Author　Nur Rachmat Yuliantoro, Head of Department of International Relations, Universitas Gadjah Mada, Ph. D. , Associate Professor.

中国对东盟的直接投资：趋势、动因与风险分析

左　祥　孙进海

【摘要】得益于平稳快速的经济增长、"走出去"的政策支持和"一带一路"倡议的有力推动，中国对东盟成员国直接投资呈持续快速增长势头，受到国内外学界广泛关注。本文基于对国内外统计数据分析，深入研究了2010年至2018年中国对东盟国家直接投资情况，提出了中国对东盟直接投资的四个主要趋势，分析了中国对东盟成员国扩大投资的四大驱动因素，系统评估了中国对东盟国家进一步扩大投资面临的政治、经济和社会文化三方面主要风险。

【关键词】中国；东盟；直接投资；趋势；动因；风险

【作者简介】左祥，新加坡南洋理工大学拉惹勒南国际关系学院国际关系硕士研究生；孙进海，新加坡南洋理工大学拉惹勒南国际关系学院国际政治经济硕士研究生。

一、导言

本文以2010年至2018年中国对东盟成员国直接投资为研究对象，介绍了中国对东盟国家直接投资总体情况，通过对国内外统计数据多角度、全方位的系统对比与分析，提出了中国对东盟直接投资的四大主要趋势，深入剖析了中国对东盟投资持续快速增长的四大驱动因素。基于上述分析，本文从政治、经济、社会文化三个领域就下阶段中国对东盟直接投资

面临的风险与挑战进行了全面评估。本文统计数据的来源主要包括：《中华人民共和国商务部统计年鉴》、联合国贸易和发展会议（UNCTAD）对外直接投资数据库、东盟秘书处外国直接投资数据库以及美国企业研究所和遗产基金会直接投资数据库（AEI）。

二、中国对东盟国家直接投资概况

对外直接投资是跨国企业开拓海外市场、扩展全球业务、融合产业链的重要渠道。作为新兴市场国家和世界第二大经济体，中国从依赖引进外国直接投资推动国内增长，逐步成长为世界重要的对外投资国之一。2001年，中国提出"走出去"战略，有力推动了中方企业对外直接投资，对外投资逐步成为中资企业在全球市场拓展业务、整合资源、提升国际竞争力的重要途径。得益于中国经济的快速增长，中国的对外直接投资持续快速发展（见图1）。2015年是中国对外投资中具有里程碑意义的一年。商务部、国家统计局、国家外汇管理局联合发布的《2015年度中国对外直接投资统计公报》显示，2015年中国对外直接投资创1456.7亿美元新高，居

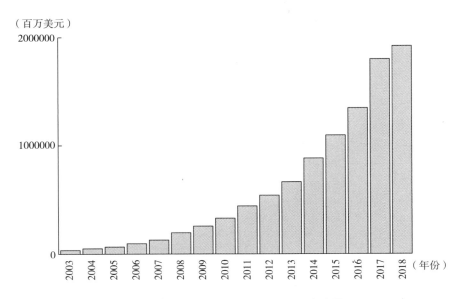

（百万美元）

图1　2003～2018年中国对外直接投资存量

资料来源：联合国贸易和发展会议对外直接投资数据库。

全球第二位。其中，对外直接投资 1456.7 亿美元，实际使用外资 1356 亿美元，中国首次实现资本项下净输出。① 当前，尽管世界经济复苏缓慢、逆全球化趋势抬头、中美贸易摩擦等不利因素叠加共振，中国对外投资总体仍保持良好发展态势，影响力持续扩大。《2018 年度中国对外直接投资统计公报》显示，中国当年对外直接投资 1430.4 亿美元，略低于日本，成为世界第二大对外投资国。截至 2018 年末，中国对外直接投资存量达 1.98 万亿美元，仅次于美国与荷兰。②

近年来，中国对东盟的投资实现快速增长。2003 年，中国对东盟投资总体规模较小，仅约为 6 亿美元，占当年中国对亚洲投资总额的 2.2%。③ 自 2010 年以来，中国对东盟投资显著提速，东盟成为中国对外直接投资的主要目的地之一（见表 1）。2013 年，习近平主席提出"一带一路"倡议为中国与东盟加强投资合作注入了强劲发展动能，中国对东盟的直接投资实现了宽领域、新途径、多主体、跨越式的增长。《中国对外直接投资统计公报》显示，截至 2018 年底，中国对东盟的直接投资存量达 1028.6 亿美元，占中国对外直接投资总存量的 5.2%。截至 2017 年底，中方投资在东盟各成员国内已建立 4700 多家企业，为有关国家创造了 35.3 万个就业岗位。④

表 1　2010～2018 年中国对东盟直接投资流量及占东盟当年吸引直接投资的比例

单位：百万美元，%

年份	东盟引进直接投资的总额	中国对东盟的直接投资	占比
2010	108174.16	3488.60	3.22
2011	87562.82	7194.31	8.22
2012	116774.31	7975.22	6.83

① 中华人民共和国商务部、国家统计局、国家外汇管理局：《2015 年度中国对外直接投资统计公报》，http：//hzs. mofcom. gov. cn/article/date/201909/20190902899156. shtml。

② 中华人民共和国商务部、国家统计局、国家外汇管理局：《2018 年度中国对外直接投资统计公报》，http：//hzs. mofcom. gov. cn/article/date/201909/20190902899156. shtml。

③ AEC and China the Key Drivers in Trade and Investment into the Next Decades, UOB Global Economics & Markets Research, Quarterly Global Outlook, 2014, http：//hzs. mofcom. gov. cn/article/date/201512/20151201223578. shtml。

④ 中华人民共和国商务部、国家统计局、国家外汇管理局：《2017 年度中国对外直接投资统计公报》《2018 年度中国对外直接投资统计公报》，http：//hzs. mofcom. gov. cn/article/date/201909/20190902899156. shtml。

年份	东盟引进直接投资的总额	中国对东盟的直接投资	占比
2013	120965. 52	6165. 21	5. 10
2014	130114. 52	6811. 74	5. 24
2015	118667. 09	6571. 77	5. 54
2016	118959. 46	9609. 60	8. 08
2017	147085. 19	13700. 59	9. 31
2018	152755. 31	9940. 08	6. 51

资料来源：东盟秘书处外国直接投资数据库。

三、中国对东盟直接投资的四大主要趋势

趋势一：中国对东盟的直接投资仍主要集中在新加坡，同时对东盟欠发达国家的投资增长迅速。中国对外直接投资遍及东盟十国，其中绝大部分集中于新加坡、印度尼西亚和越南。值得注意的是，仅新加坡一国就占中国对东盟直接投资总额的一半以上（见表 2）。中国投资者青睐新加坡的主要原因包括：新加坡健全的金融管理与服务体系、优越的投资环境和文化亲近感。此外，新加坡也是东盟唯一一个无外汇管制、资金可自由流动、投资资本和利润汇出无限制的国家。[①] 同时，中国对东盟欠发达成员国的直接投资已经超过了欧盟、美国、日本、韩国等传统投资东盟强国。从表 3 中的数据可以看出，中国近年来对缅甸、老挝和柬埔寨的直接投资显著增加，成为上述国家最重要的直接投资来源国。

表 2　2010～2018 年中国对东盟国家直接投资目的国别分布情况

单位：百万美元

年份	2010	2011	2012	2013	2014	2015	2016	2017	2018	总计
对东盟总投资额	3488. 60	7194. 31	7975. 22	6165. 21	6811. 74	6571. 77	9609. 6	13706. 63	10187. 47	71710. 54
新加坡	699. 30	5466. 70	5969. 60	2507. 90	4167. 8	3991. 30	4371. 8	6679. 00	3761. 50	37614. 90

---

① "Business Benefits and Opportunities in ASEAN（2018 - 2019）", HSBC, https：//www. busi-ness. hsbc. com. sg/en - sg/asean.

续表

年份	2010	2011	2012	2013	2014	2015	2016	2017	2018	总计
印度尼西亚	353.57	214.88	335.09	590.78	1068.21	323.54	354.77	1993.77	2142.50	7377.11
越南	115.14	382.60	190.03	948.16	209.56	381.01	969.44	852.02	1077.26	5125.23
缅甸	1520.90	670.60	482.20	792.60	70.54	52.44	205.48	554.37	467.35	4816.48
老挝	45.57	278.32			614.26	665.09	709.98	1313.62	1044.92	4671.77
柬埔寨	126.94	179.68	367.76	286.75	553.89	537.68	501.54	618.10	798.24	3970.58
马来西亚	-6.45	-15.28	33.70	94.16	302.21	323.56	1407.77	1588.04	176.99	3904.70
泰国	633.43	20.92	598.46	938.86	-221.35	238.12	1071.91	78.91	517.76	3877.01
菲律宾	0.19	-4.11	-1.61	6.00	46.61	59.02	16.91	28.79	198.68	350.47
文莱	0.01								2.28	2.29

资料来源：东盟秘书处外国直接投资数据库。

表3　2010~2018年中国与东盟部分国家主要外资来源国的对比

单位：百万美元

年份		2010	2011	2012	2013	2014	2015	2016	2017	2018	总计
东盟	欧盟	21145.15	24419.26	-2536.66	15718.47	28943.27	20373.04	34014.61	14916.08	21613.47	178606.67
	日本	12986.96	7797.57	14852.79	24608.62	13436.07	12962.34	14241.93	16148.97	20954.55	137989.79
	美国	13682.07	8197.39	18911.42	11457.92	21141.27	22912.45	21663.38	24890.81	8340.72	151197.45
	中国	3488.60	7194.31	7975.22	6165.21	6811.74	6571.77	9609.60	13700.59	9940.08	71457.12
	韩国	4319.26	1774.27	1278.51	4302.70	5257.24	5608.82	7088.18	4535.18	5887.50	40051.65
柬埔寨	欧盟	43.26	54.32	126.09	115.46	138.84	180.07	194.03	213.48	168.19	1233.72
	中国	126.94	179.68	367.76	286.75	553.89	537.68	501.54	618.10	798.24	3970.58
	日本	6.39	21.90	13.78	38.52	84.91	52.50	198.71	226.56	199.24	842.52
	韩国	46.73	138.55	161.75	178.16	106.33	71.95	139.59	176.95	249.90	1269.91
	美国	16.22	17.16	16.06	33.87	50.33	40.65	53.39	74.36	59.34	361.37
老挝	欧盟	27.54	3.05			51.19	24.48	15.68	13.16	-2.78	132.33
	中国	45.57	278.32			614.26	665.09	709.98	1313.62	1044.92	4671.77
	日本	8.30	12.13			2.10	75.81	44.21	70.30	47.65	260.50
	韩国	1.67	2.04			12.55	45.69	77.27	102.42	24.88	266.51
	美国	1.24	0.05			0.21	8.93	3.24	0.20		13.86
缅甸	欧盟	214.80	369.30	664.20	296.20	28.28	202.93	838.99	447.27	176.80	3238.77
	中国	1520.90	670.60	482.20	792.60	70.54	52.44	205.48	554.37	75.32	4424.45
	日本	0.20	2.20	31.10	36.00	37.72	95.05	16.03	207.72	289.08	715.10
	韩国					11.10	36.97	35.34	-189.22	-462.56	-568.38
	美国		103.20					43.30	21.59	55.30	223.39

资料来源：东盟秘书处外国直接投资数据库。

表4　2012~2018年中国对东盟投资的行业分布情况

单位：百万美元,%

投资行业	2012年	2013年	2014年	2015年	2016年	2017年	2018年	总计	占比
[L] 不动产	1906.73	1570.91	2105.45	2006.19	2414.83	3167.01	2666.02	15837.15	26.02
[G] 批发和零售贸易；修理机动车辆和摩托车	1319.34	780.07	488.52	372.19	2235.45	2707.89	3601.98	11505.43	18.91
[K] 金融和保险	523.68	112.72	2195.34	1801.49	1746.77	3468.91	423.09	10271.99	16.88
[C] 制造业	−108.46	1191.20	601.36	741.59	684.23	1699.09	1585.96	6394.97	10.51
[B] 采矿和采石	285.05	553.36	1122.41	274.69	110.87	679.57	5.52	3031.47	4.98
[F] 建筑	**267.87**	**8.65**	**191.49**	**72.39**	**678.22**	**653.67**	**950.16**	**2822.44**	**4.64**
[S] 其他服务	1472.42	878.15	−290.11	293.15	−12.06	9.60	238.47	2589.63	4.26
[D] 电力、煤气及空调供应	6.51	87.67	387.31	554.46	491.46	916.78	86.74	2530.93	4.16
[Z] 未指明的活动	480.76	792.60	75.77	110.89	211.78	0.01	467.35	2139.16	3.52
[H] 运输和储存	1714.86	−102.38	−164.14	169.79	35.20	85.29	−307.26	1431.36	2.35
[I] 住宿和食品服务	0.11	12.21	23.63	46.80	809.02	−180.09	90.37	802.05	1.32
[A] 农业、林业和渔业	58.75	88.02	51.54	62.22	75.25	238.63	211.14	785.54	1.29
[M] 专业、科学和技术	−0.42	8.82	23.50	12.34	53.14	58.52	82.25	238.15	0.39
[J] 信息与通信	41.84	−1.77	−2.93	3.40	29.05	155.33	9.59	234.50	0.39
[E] 供水；排污、废物管理和补救	3.01	1.87	−2.79	45.94	16.18	16.92	10.61	91.75	0.15
[Q] 健康和社会工作	1.36	3.96	4.03	2.19	6.52	18.82	25.70	62.58	0.10
[R] 艺术和娱乐	1.62	2.21	−0.80	0.04	13.56	0.94	34.44	52.01	0.09
[N] 行政和支助服务	0.17	−2.02	1.41	1.53	7.70	2.79	8.07	19.65	0.03
教育	0.00	5.17	0.75	0.49	2.43	6.96	−2.73	13.06	0.02

资料来源：东盟秘书处外国直接投资数据库。

趋势二：中国对东盟的直接投资呈现多元化全覆盖。表4数据显示，中国对东盟的直接投资涵盖了东盟秘书处统计外商直接投资的所有行业，且2012~2018年，中国对东盟10个行业的累计直接投资超过10亿美元。中方主要投资领域包括不动产（累计158亿美元，占同期总投资的26.02%）、批发和零售贸易；修理机动车辆和摩托车（累计115亿美元，占同期总投资的18.91%）、金融和保险（累计102.7亿美元，占同期总投资的16.88%）和制造业领域（累计63.9亿美元，占同期总投资的10.51%）。值得注意的是，随着"一带一路"倡议的启动与实施，2013年以来，中国对东盟基础设施的直接投资增势明显。如中国对东盟建筑业的投资增长了2.3倍，从2012年的2.68亿美元增加到2018年的9.5亿美元。据联合国贸发会议统计，2014～2017年，中国投资总体满足了东盟基础设施建设需求的约17%。[①] 当前，一批"一带一路"大型示范和重点项目正在东盟各成员国中落地生根，如中老铁路、中泰铁路、印尼雅万高铁等项目正在有序推进。这些大型基础设施项目能够有效降低交易成本、提高东盟地区劳动生产率、增进区域一体化建设，推动本地区经济长期提质增效。

趋势三：通过绿地投资实现产业链互补融合。美国企业研究所和传统基金会发布的统计数据显示，中资公司对东盟十国的绿地投资从2006年的1.4亿美元迅速增至2018年的26.8亿美元。其中2010年2月至2019年5月，美国企业研究所和传统基金会统计的195个中国对东盟投资项目中，绿地投资所占比例达49.51%，远高于2006～2009年28.1%的水平。中国的绿地投资涵盖东盟国家多个产业和领域，如越南和马来西亚的机械和电子业、新加坡的软件业、菲律宾的金属冶炼业等。绿地投资的方兴未艾表明中国企业积极参与东盟供应链和产业链一体化建设，双方融合水平日益提高。此外，针对美国贸易保护主义抬头的趋势，在东盟国家实施绿地投资有助于出口型中方企业规避美方高昂的保护性关税，利用东盟价廉且密集的劳动力，实现优势互补，融合发展。

趋势四：民营资本在对外直接投资中发挥更加积极主动的作用。近年来，中国海外投资主体呈多样化趋势，其中民营企业更趋活跃。据商务部统计，2018年，民营企业占中国海外投资比例（52%）已超过国有企业（48%），凸显了民营企业以其灵活机动的优势在对外投资中发挥着日趋重要的作用。2013年4月至2019年5月美国企业研究所和传统基金会统计的139个中国对东盟的投资项目中，民营企业投资达79项，总金额为426.9亿美元，占同期中国在东盟国家总投资（820.4亿美元）的52.04%。例如，浙江民营企业恒逸集团与文莱政府旗下的达迈控股有限公司共同成立恒逸石化文莱公司，双方分别持股70%和30%，一期投资34亿美元，预计完工后第一年将增加文莱13.3亿美元财政收入，创造1600

---

① China's Belt & Road at Five: A Progress Report, Citibank, 1March 2018, https://www. citibank.com/commercialbank/insights/assets/docs/2018/Chinas_ Belt_ and_ road_ at_ five. pdf.

多个就业岗位。① 此外，中国民营资本也加大对东盟的风险投资，如阿里巴巴、小米等科技公司在东盟设立办事处，积极开拓东盟市场。2016 年，阿里巴巴以 10 亿美元收购了电子商务公司 Lazada 的控股权。② 该项收购成为阿里巴巴迄今最大的一笔海外交易。至 2018 年，阿里巴巴已向 Lazada 投资 40 亿美元，将其融入阿里巴巴核心电子商务服务体系，提升了阿里巴巴集团在东盟的市场占有率。③

四、中国对东盟投资的四大驱动因素

（一）东盟的广阔发展潜力与投资环境改善是吸引中方投资的根本原因

理论上，对外投资的驱动因素主要包括市场开拓、资源获取、提高劳动生产率等。就中国对东盟的直接投资而言，开拓市场与提高劳动生产率两个因素相互交织、相辅相成。④ 2018 年东盟十国 GDP 总额达 3 万亿美元，较 2008 年增长 1 倍，成为世界第五大经济体，经济增速远高于全球平均水平。此外，东盟还是世界第四大出口经济体，出口总额约占全球出口的 7%。⑤ 东盟总人口超 6 亿，其中约一半为不到 30 岁的青少年，是潜在的庞大新兴市场和中产阶级消费群体，为中国重新配置劳动密集型产业提供了良好的条件。东盟国家投资环境改善方面取得了实质性进展，尤其是投资自由化改革得到深入推进。根据经济合作与发展组织（OECD）外资限制指数报告（见图 2），得益于近年改革成效，越南、印度尼西亚、马来

---

① 《中国在文莱最大投资项目进入生产试运行阶段》，新华社，2019 年 5 月 3 日，http：//www. xinhuanet. com/fortune/2019 - 05/03/c_ 1124446769. htm。

② Lazada 公司总部位于新加坡，业务覆盖马来西亚、印度尼西亚、菲律宾、泰国、越南等。

③ Alibaba Makes Biggest overseas Bet with USMYM1b Lazada Deal, South China Morning Post, https：//www. scmp. com/business/companies/article/1935597/alibaba - makes - biggest - overseas - bet - us1b - lazada - deal.

④ Wu, F. "China's Rising Investment in Southeast Asia: Trends and Outlook", *Journal of Asian Business*, Vol. 18, 2002.

⑤ ASEAN Key Figures, ASEAN Secretariat, https：//www. aseanstats. org/wp - content/uploads/2019/11/ASEAN_ Key_ Figures_ 2019. pdf.

西亚和菲律宾外商投资的便利度明显提升。[1]

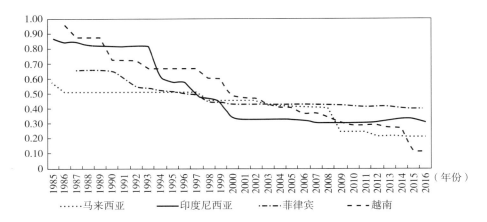

图 2　经济合作与发展组织部分东盟国家外资限制指数走势图（开放 = 0；封闭 = 1）
资料来源：经济合作与发展组织（OECD）外资限制指数报告。

（二）中国与东盟签署的中国—东盟自由贸易区《投资协议》是提振中国对东盟投资的制度保障

2009 年签署的中国—东盟自由贸易区《投资协议》致力于促进中国与东盟之间投资流动，建立自由、便利、透明和竞争的投资体制，为扩大中国对东盟投资奠定了坚实的法律基础。《投资协议》明确呼吁各方逐步放宽投资限制，营造良好的投资条件，实现中国与东盟的投资体制自由化，提高投资规则的透明度以及为中国和东盟之间的投资提供保护。[2]

---

① "OECD Investment Policy Review of Southeast Asia"，http：//www. oecd. org/daf/inv/invest-ment – policy/oecd – investment – policy – review – southeast – asia. htm。
② 《中国—东盟自由贸易区〈投资协议〉》，https：//investmentpolicy. unctad. org/international –investment – agreements/treaties/treaties – with – investment – provisions/3272/asean – china –investment – agreement。

（三） 中方的积极支持和"一带一路"倡议是中国对东盟投资增长的关键推动因素

中国政府积极支持中国企业"走出去"，统筹国内国外两种资源、两个市场，发挥企业主体作用，基于市场原则参与国际资源优化配置。如2014 年，中国国家发展改革委颁布新修订的《境外投资项目核准和备案办法》，将 10 亿美元以下境外投资由核准转为备案，进一步简化了企业对外投资手续。[①]

2013 年，"一带一路"倡议的提出有力推动了中方对东盟的投资。据统计，2001 年以来，中国累计向东盟基础设施领域投资约 1550 亿美元，其中超过 90% 的项目在 2013 年后实施。[②] 据亚洲开发银行测算，受经济发展和城市化进程双轮驱动，东盟每年需向改善和新建基础设施投资约 600 亿美元。[③] 设施联通成为中方"一带一路"倡议与东盟发展重点的高度契合点，将持续推动中国与东盟各成员国发展战略有效对接。当前，中国已与全部十个东盟国家建立了战略合作关系，签署了"一带一路"合作文件。例如，"一带一路"倡议已与泰国东部经济走廊、马来西亚物流和贸易便利化总体规划、越南"两廊一圈"规划、菲律宾的"大建特建"计划、缅甸皎漂经济特区建设实施了战略对接，筛选了一批促进经济发展和民生改善的优先项目。中国开发银行、中国进出口银行、亚洲基础设施投资银行和中国—东盟投资合作基金等融资平台也为中国东盟重点合作的大项目提供了有力资金支持。2019 年 11 月，中国和东盟发表了《中国—东盟关于"一带一路"倡议同〈东盟互联互通总体规划 2025〉对接合作的联合声明》，这将进一步促进中国和东盟国家政策沟通，实现优势互补和联动发展，为本地区互联互通和区域一体化建设做出重要贡献。此外，基

---

① 《发改委境外投资新规将出》，《经济参考报》，2014 年 1 月 8 日，http：//politics. people. com. cn/n/2014/0108/c70731 - 24051765. html。

② "ASEAN Opportunities on Belt and Road"，20 July 2018 ，NUS Business School，China Business Center，https：//bschool. nus. edu. sg/images/CBC/issues - and - insights/asean - opportunities/asean - opportunities - on - belt - and - road. pdf.

③ "Investing in ASEAN （2019 - 2020）"，ASEAN Secretariat，https：//asean. org/storage/2019/10/Investing_ in_ ASEAN_ 2019_ 2020. pdf.

础设施建设作为一个系统产业，将辐射上下游多个领域，带动项目融资、工程咨询与保险、基础设施管理、法律、商务咨询等各类专业服务业的发展。根据世界银行分析，"一带一路"基础设施投资项目具有明显的长效拉动作用：如中国对某国基础设施投资增长 10%，同年中国对该国整体投资将增长 7%，第二年会增长 11%，此后两年还会增长 16%。①

（四）地缘毗邻与民心相通是中国加强对东盟投资的重要基础

东盟地处沟通太平洋与印度洋的交通要冲，是国际海洋贸易的交通干线之一。东盟国家是我国周边外交的重要组成部分和共建"21 世纪海上丝绸之路"的优先方向。习近平主席指出，"东南亚地区自古以来就是'海上丝绸之路'的重要枢纽"。② 东盟作为中国通过海上丝绸之路连接外部世界的必经之路，已成为中国企业深耕和拓展海外市场的重要驻泊地和中继站。同时，中国与东盟国家山水相连，人员往来密切。据统计，2018 年双方人员往来达到 5700 万人次，每周近 4000 个航班往返于中国和东盟国家之间。中国是东盟最大的旅游客源国，2018 年最受中国游客欢迎的十大目的地国家有 7 个是东盟国家。③ 密切的人员往来不仅增进了中国与东盟人民间的民心相通，更筑牢了双边投资合作的民意基础，为双方发掘合作潜力、共创发展亮点提供了不竭动力。

五、中国对东盟直接投资的主要风险

随着中国对东盟直接投资的持续增长，对东盟投资风险也应给予足够关注。总体来看，东盟以新兴市场国家为主，除新加坡外，东盟国家投资和营商环境尚处于完善提升的过程中。根据 2018 年中国社会科学院发布的

---

① "Foreign Investment Growth in the Belt and Road Economies", Oct 2018, Maggie Xiaoyang Chen, https：//blogs. worldbank. org/trade/foreign – investment – growth – belt – and – road – e- conomies.

② 《习近平：中国愿同东盟国家共建 21 世纪"海上丝绸之路"》，新华社，2013 年 10 月 3 日，http：//www. xinhuanet. com/world/2013 – 10/03/c_ 125482056. htm。

③ 《中国和东盟双边往来再创新高》，中国经济网，2019 年 8 月 16 日，http：//ydyl. people. com. cn/n1/2019/0816/c411837 – 31299155. html。

《中国海外投资国家风险评级报告》，9 个东盟国家（不含文莱）中有 7 个国家处于 BBB 水平，即中等风险级别中最危险一级。[①] 按照风险的来源与特征，中国对东盟直接投资面临的主要风险可归纳为政治、经济和社会文化三大类。

（一）政治风险

一些东盟国家尚处在国内政治转型和国家权力交接的过渡性阶段，内部政治环境较为复杂，不稳定性突出。普华永道 2019 年 8 月发布的民调显示，75% 的受访者将政治风险列为在东盟投资的首要商业风险，64% 的受访者认为治理风险是其面临的主要风险。[②] 中国对东盟国家直接投资所面临的政治风险主要表现为国内军事冲突、政府更迭和政策缺乏连续性及第三方干涉。

1. 内部军事冲突风险

缅甸、柬埔寨和泰国在一定程度上均面临国内军事冲突风险。这些冲突风险的根源在可预见的时期内难以得到根除，内部军事冲突一旦爆发将严重威胁外国投资者的人身和财产安全。例如，2011 年 6 月，缅甸政府军与克钦独立武装爆发军事冲突，中方企业以 BOT 模式投资运营的太平江水电站邻近冲突地区，成为冲突双方争夺的目标。在冲突中，有近 30 名中国工程师和工人被扣押。经过各方谈判斡旋，中国工程师和工人最终获释。直到 2013 年，缅甸北部局势有所缓和，太平江水电站才在搁置两年后重新恢复运营。

2. 政府更迭和政策缺乏连续性风险

一些东盟国家因内部权力争斗导致政府频繁更迭，难以保持稳定的政策连续性，甚至导致部分投资项目成为不同党派争夺的筹码。马来西亚东海岸铁路项目全长 600 余公里，旨在连接马六甲海峡的克拉朗港及马来西亚半岛东北部的彭卡拉。2016 年 11 月，马来西亚时任总理纳吉布与中方签署了价值 144 亿美元的框架融资协议和建筑协议，中国交通建设股份有

---

① 张明等：《中国海外投资国家风险评级报告（2018）》，中国社会科学出版社 2018 年版，http：//iwep. cssn. cn/xscg/xscg_ zzjyz/201804/t20180420_ 4208141. shtml。

② "Delving into the BRI: How Regional Players Plan to Leverage BRI Business Opportunities", PwC Singapore, August 2019, http：//www. srbf. com. sg/wp - content/uploads/2019/08/SBF - PwC - BRI - survey - report_ Final. pdf。

限公司为主承包商。该项目于 2017 年 8 月正式启动。然而,马哈蒂尔于 2018 年 5 月当选马来西亚新任总理,其上台后即宣布暂停该项目,不认可前任政府与中方签署的协议。经过数轮谈判,在长达 1 年的停工后,该项目于 2019 年 4 月复工建设,但项目经历了缩规模、减造价、调路线等多项实质变更,承包总额削减近 1/3,降至约 110 亿美元。

3. 外部干扰风险

此类风险主要集中在水电站。水电资源开发对东盟具有重要意义,根据世界银行数据统计,2016 年,东盟 10 国中有 4 个能源进口国,分别是新加坡(能源进口率为 98%)、菲律宾(能源进口率为 46%)、泰国(能源进口率为 42%)和柬埔寨(能源进口率为 33%)。① 开发水能资源能有效提升东盟有关国家的能源自给率。然而,一些西方机构和评论妄称中国对东盟的水电投资是"掠夺性开发,将导致生态破坏和环境污染";一些批评甚至抹黑中国投资是"中国的马歇尔计划""债务陷阱"等。这些负面舆论在一定程度上损害了中国与一些东盟国家之间的互信和合作。

(二)经济风险

近年来,东盟经济总体表现强劲,但该地区长期存在的经济风险不容忽视。投资东盟国家经济风险主要表现在汇率波动、外汇管制政策和腐败三个方面。首先,根据世界银行统计,自 2013 年以来,东盟十国的货币均有所贬值。如缅甸货币对美元汇率从 2013 年到 2018 年下降了 53%,其中,仅 2018 年就下降了 12.6%。同期,其他 9 个东盟国家的货币对美元贬值情况为:印度尼西亚贬值 51.7%、马来西亚贬值 28.0%、菲律宾贬值 24.1%、越南贬值 8.0%、老挝贬值 8.0%、文莱贬值 8.0%、新加坡贬值 7.8%、泰国贬值 5.2%、柬埔寨贬值 0.5%。② 其次,一些东盟国家还对外国直接投资实施了较为严格的外汇管制政策。例如,在缅甸,只有外币收入和扣除税款后的净利润才能汇出。印度尼西亚规定,外商投资企业可

---

① "Renewable Energy in ASEAN", 31 July, 2017, Khuong Minh Phuong, https://th.boell.org/en/2017/07/31/renewable-energy-asean.

② https://data.worldbank.org.cn/indicator/PA.NUS.FCRF? end=2018&locations=MM&start=2010.

自由汇出利润或转让资本，但不得将从税收减免中获得的投资收益汇出该国。① 柬埔寨政府规定，单笔转账金额在 1 万美元（含）以上的，授权银行应向国家银行报告。② 最后，东盟国家腐败现象仍较为普遍。根据世界银行2018 年发布的报告，30% 与公共服务有关的商业交易需要非正式付款和赠送礼品，而 40% 以上的公司表示需向有关部门赠送礼品以确保合同履约。③

（三）社会文化风险

文化作为一种软实力，对海外投资有着潜移默化的深刻影响。跨国投资普遍具有投资数额大、经营周期长等特点，因此投资方需与当地社区开展良好互动与合作，承担相应的社会责任，着力于融入东道国文化，避免文化差异和交流障碍影响投资收益。东南亚是世界上民族最复杂的地区之一，民族众多，社会文化差异明显，多样性特征突出。东盟国家不仅深受中国文化的影响，还兼收印度文化、伊斯兰文化和西方文化，形成了独特的东南亚社会文化基因。此外，基于不同的历史文化传统，东盟国家政治制度各异，既有君主制、议会君主制，也有议会共和制、总统共和制和人民代表大会制度。此外，每个东盟成员国都有自己的官方语言、独特的民族文化和传统、多样的宗教信仰、多元的价值观和行为模式。鉴于东盟这种显著的多样性，中方投资者应高度关注上述社会文化差异，并根据每个国家的不同国情制定相应的投资政策，采用"一国一策"、因地制宜的策略，避免模仿照搬和"一刀切"的做法。

结　语

本文系统研究了 2010～2018 年中国对东盟国家直接投资的趋势、动因

① 《"一带一路"国家外汇管理政策概览（2018）》，国家外汇管理局，2019 年 4 月 22 日，http://www.safe.gov.cn/safe/2019/0422/13029.html。

② 《对外投资合作国别（地区）指南——柬埔寨（2019 年版）》，商务部国际贸易经济合作研究院，中国驻柬埔寨大使馆经济商务处，商务部对外投资和经济合作司，2019 年 11 月，http://fec.mofcom.gov.cn/article/gbdqzn/#。

③ "ASEAN Jurisdictions must Hold Businesses Accountable for Corruption Offences", 28 August 2018, https://www.unodc.org/southeastasiaandpacific/en/2018/08/asean - corruption/story. html.

和风险。通过对国内外统计数据进行全面梳理与对比分析，总结出中国对东盟投资的四个主要趋势：中国对东盟的直接投资仍主要集中在新加坡，同时对东盟欠发达国家的投资增长迅速；中国对东盟的直接投资呈现多元化全覆盖；中方企业通过绿地投资实现产业链整合；民营资本在对外直接投资中发挥更加积极主动的作用。本文分析了中国对东盟投资快速增长的四大推动因素。其中，东盟的广阔发展潜力与投资环境改善是吸引中方投资的根本原因；中国与东盟签署的中国—东盟自由贸易区《投资协议》是提振中国对东盟投资的制度保障；中方的积极支持和"一带一路"倡议是中国对东盟投资增长的关键推动因素；地缘毗邻与民心相通是中国加强对东盟投资的重要基础。针对中国对东盟投资的风险分析，本文提出政治、经济、社会文化的分析框架，并逐一进行了阐释。厘清上述趋势与动因、风险与挑战，将有利于更好地与东盟一道推进"一带一路"倡议，深化双边各领域合作，推动构建更加紧密的中国东盟命运共同体。

Chinese Outward Foreign Direct Investment in ASEAN: Recent Trends, Motivations, and Risks

Zuo Xiang   Sun Jinhai

Abstract   Fueled by strong economic growth, supportive "Go Global", and "the Belt and Road" Initiative (BRI), tremendous cross – border investment from China into member – states of the Association of Southeast Asian Nations (ASEAN) has attracted increasing attention. This study examines China's Outward Foreign Direct Investment (FDI) into ASEAN countries in the period from 2010 to 2018. Based on an analysis of statistical data, this paper presents four silent trends of China's FDI into this region and unveils four significant motivations behind the surge of China's FDI into ASEAN member states. Additionally, the study assesses the main challenges facing China's further FDI in this region, comprising the political, economic, and social – cultural aspects.

Key Words   China; ASEAN; FDI; Trends; Motivations; Risks

Authors   Zuo Xiang, Mater of International relations of S. Rajaratnam

School of International Studies (RSIS) of the Nanyang Technological University, Singapore; Sun Jinhai, Master of International Political Economy of S. Rajaratnam School of International Studies (RSIS) of the Nanyang Technological University, Singapore.

中国—东盟关系
China – ASEAN Relations

基于 VAR 模型的东盟对华贸易与经济增长问题研究

霍　林　黄俊杰

【摘要】本文通过建立东盟对华进口、对华出口、东盟 GDP 三维向量的自回归向量模型（VAR），实证分析东盟对华贸易与经济增长之间的关系。检验结果显示，东盟对华出口贸易与对华进口贸易之间为双向因果关系。尽管短期内，东盟对华出口对经济会产生不稳定的波动影响；但从长期看，东盟对华进口贸易和出口贸易都会拉动东盟经济的增长。从东盟内部十国来看，东盟对华进出口贸易对经济增长效率的提升作用不完全相同，存在较大的国别差异，柬埔寨、菲律宾、越南三国对华进口更有助于拉动其国内经济的快速发展。但文莱、老挝、马来西亚、缅甸四国则是对华出口更有利于它们的经济发展。相比以上七国，新加坡、印度尼西亚和泰国三个传统贸易伙伴国对华进出口贸易对国内经济影响效果大相径庭，这三个国家经济增长动力不完全来源于对华贸易。

【关键词】对外贸易；经济增长；东盟国别差异；格兰杰因果关系

【基金项目】国家社科基金重大项目（16ZDA092）。

【作者简介】霍林，广西大学国际学院，教授，博士生导师；黄俊杰，广西大学国际学院，硕士研究生。

东盟是东南亚国家联盟（The Association of Southeast Asian Nations,

ASEAN）的简称①。2003 年，中国与东盟确立"面向和平与繁荣的战略伙伴关系"，中国—东盟自由贸易区（CAFTA）经历了 10 年的谈判于 2010 年 1 月 1 日正式成立，是中国通过签署自由贸易协定建立的第一个自由贸易区。2016 年 7 月 1 日，中国—东盟自贸区升级版议定书正式生效，加快了区域经济一体化的步伐，进一步推进中国与东盟之间的贸易合作。

近年来，反经济全球化、贸易保护主义抬头，全球经济复苏因保护主义而黯然失色，许多国家面临着不稳定因素，经济增长的稳定性也受到影响。2019 年东盟跃升为世界第五大经济体，近 10 年的增长率始终保持在 5% 左右，经济活力十足。根据中国海关统计，中国—东盟双边贸易额从 2002 年签订《框架协议》时的 547.67 亿美元上涨至 2018 年的 5878.7 亿美元，翻了 10 倍。截至 2019 年 7 月，中国已连续 10 年成为东盟第一大贸易伙伴，东盟连续成为中国第二大贸易伙伴。

近年来我国与东盟之间的经贸合作是否有助于推动东盟经济的发展？而中国—东盟之间的进出口贸易与东盟的经济增长又是何种关系？是东盟经济不断增长带动对华贸易，还是东盟对华贸易推动了东盟的经济发展？未来发展的趋势将会何去何从？这些问题都有待探索。东盟内部各国经济增长存在一定的差异。因此，本文也将根据东盟各国差异进行实证分析。

一、文献回顾

对外贸易影响经济增长的理论可追溯到古典国际贸易理论中亚当·斯密提出的"绝对优势"理论，认为各国之间的贸易往来会进一步促进国家财富的积累，从而实现经济增长。之后大卫·李嘉图提出"相对优势"理论，认为各国在贸易中出口自己具有比较优势的产品。新古典经济学派赫克歇尔—俄林在李嘉图的基础上提出"要素禀赋"理论（简称 H－O 理论），认为劳动不是唯一的要素，各国的经济发展可以从出口要素充裕的产品、进口要素缺少的产品中获取福利。随着世界经济及国际贸易的发展，国际贸易理论不断丰富，孕育了新的贸易理论。英国经济学家罗伯逊在 1937 年提出对外贸易是经济增长的"发动机"。之后越来越多学者投

---

① 东盟十国包括柬埔寨、老挝、缅甸、越南、泰国、印度尼西亚、马来西亚、菲律宾、文莱、新加坡。

入到国际贸易与经济增长问题的研究当中，如国外有列昂惕夫提出的悖论和克鲁格曼等；国内有杨小凯提出的内生分工与专业化贸易理论、林毅夫提出的动态比较优势理论等。

我国改革开放以来，随着对外开放程度的不断提高，对外进出口贸易大幅度增长，经济增长速度也随之不断提高。对此，诸多学者进行了研究分析。例如包群等[1]基于新古典理论，实证发现出口贸易将带来技术外溢，从而实现经济增长。张兵兵[2]构建 Logistic 回归模型，实证分析在 1952～2011 年长达 60 年的时间里，出口贸易一直推动着我国 GDP 增长。但是张亚斌等[3]却实证发现中国对外进口的不断增长对中国经济增长具有很强的促进作用。同时邵晨[4]利用 1979～2008 年我国进出口额的贸易数据，实证发现我国进口和出口之间存在长期均衡关系，认为我国需要调整贸易结构，才有助于经济保持稳定增长。范柏乃和王益兵[5]、徐光耀[6]、陈勇兵等[7]和裴长洪[8]分别利用我国进口贸易的数据证明进口贸易助推我国经济的增长。但大多学者都是基于出口角度研究贸易与经济增长的关系，而基于进口角度研究贸易与经济增长的学者较少。

在中国—东盟双边贸易研究方面，余淼杰等[9]发现中国对东盟出口既

---

① 包群、许和连、赖明勇：《出口贸易如何促进经济增长？——基于全要素生产率的实证研究》，《上海经济研究》2003 年第 3 期，第 3－10 页。

② 张兵兵：《进出口贸易与经济增长的协动性关系研究——基于 1952－2011 年中国数据的经验分析》，《国际贸易问题》2013 年第 4 期，第 51－61 页。

③ 张亚斌、易红星、林金开：《进口贸易与经济增长的实证分析》，《财经理论与实践》2002 年第 6 期，第 63－65 页。

④ 邵晨：《我国进出口贸易之间关系研究》，《统计与决策》2010 年第 15 期，第 103－104 页。

⑤ 范柏乃、王益兵：《我国进口贸易与经济增长的互动关系研究》，《国际贸易问题》2004 年第 4 期，第 8－13 页。

⑥ 徐光耀：《我国进口贸易结构与经济增长的相关性分析》，《国际贸易问题》2007 年第 2 期，第 3－7 页。

⑦ 陈勇兵、李伟、钱学锋：《中国进口种类增长的福利效应估算》，《世界经济》2011 年第 12 期，第 76－95 页。

⑧ 裴长洪：《进口贸易结构与经济增长：规律与启示》，《经济研究》2013 年第 7 期，第 4－19 页。

⑨ 余淼杰、崔晓敏：《中国和东盟贸易及产业比较优势研究》，《国际商务研究》2015 年第 4 期，第 5－15 页。

存在互补效应，又存在替代效应，从而影响到东盟经济发展。保建云[①]指出中国—东盟之间的双边贸易带动了双边和多边投资及跨国区域经济合作，有利于中国—东盟自由贸易区建设。魏民[②]提到，东盟内部的经济发展不平衡问题在一定程度上影响了其经济的增长。在国外学者对出口贸易与经济增长关系的研究中，Frankel J. A. 等[③]利用 63 个国家的双边贸易数据实证贸易会影响国民收入，进而影响到经济增长。而 Tinta 等[④]也发现国际贸易能够促进经济增长。还有 Marwaha 和 Akbar[⑤]、Abraham 和 Jan van Hove[⑥]、Thomas 和 Mini P.[⑦] 都从不同角度研究出口贸易对经济增长的影响。其中，Vogiatzoglou 和 Klimis 发现柬埔寨、老挝、缅甸和越南四个新兴经济体的经济增长依赖于长期出口贸易。

综上可以发现，在中国—东盟经贸研究方面，大部分学者是基于政策与政治因素对双边贸易带来的影响展开研究。同时，研究中国—东盟经贸合作的规范性分析文献多于实证性文献，而将中国—东盟进出口贸易和经济增长结合起来的实证性文献较少，这一方面的研究有待于补充；另外，在实证研究方面，研究数据也较为陈旧，且较少文献运用 VAR 模型研究东盟对华贸易与东盟经济增长之间的关系。面对当今新国际形势、新全球化背景，对中国—东盟经贸关系进行全面研究的文献十分缺乏。同时，近年来东盟经济体越来越活跃，东盟在世界舞台上的地位也日益重要，研究中

---

① 保建云：《中国与东盟经济增长和进出口贸易发展：比较优势与政策选择》，《亚太经济》2009 年第 5 期，第 60 – 64 页。

② 魏民：《打造中国—东盟自贸区"升级版"：问题与方向》，《国际问题研究》2015 年第 2 期，第 127 – 140 页。

③ Frankel, J. A. and Romer, D., "Does Trade Cause Growth？", *American Economic Review*, Vol. 89, No. 3, 1997, pp. 379 – 399.

④ Tinta, Almame Abdoulganiour and Sarpong, "The Effect of Integration, Global Value Chains and International Trade on Economic Growth and Food Security in ECOWAS", *Cogent Food & Agriculture*, Vol. 4, No. 1, 2018, pp. 12 – 38.

⑤ Marwaha Kanta and Akbar Tavakoli, "The Effect of Foreign Capital and Imports on Economic Growth: Further Evidence from Four Asian Countries（1970 ~ 1998）", *Journal of Asian Economics*, Vol. 15, No. 2, 2004, pp. 399 – 413.

⑥ Abraham Filip and Jan van Hove, "The Rise of China: Prospects of Regional Trade Policy", *Review of World Economics*, Vol. 141, No. 3, 2005, pp. 486 – 509.

⑦ Thomas and Mini, P., "Impact of Services Trade on Economic Growth and Current Account Balance: Evidence from India", *Journal of International Trade & Economic Development*, Vol. 28, No. 3, 2019, pp. 331 – 347.

国—东盟经贸问题极具价值。诸多学者用 VAR 模型从不同角度分析经济增长问题，如马轶群和史安娜①从金融角度、苏桂芳等②从科技投入角度入手开展研究等，本文也将在借鉴前人研究的基础上，建立 VAR 模型实证分析东盟对华贸易与经济增长的关系，并提出相应的对策建议。

二、实证模型描述

（一） VAR 模型

本文采用的是 Sims 于 1980 年提出的"向量自回归"（Vector Autoregression，VAR）方法。VAR 方法能够将多个变量放在一起，作为一个系统来预测各变量之间的关系。VAR 方法采用多个方程联立的形式，把系统中每一个内生变量作为系统中所有内生变量的滞后值的函数来构造模型，模型内的每一个方程能够对全部内生变量的动态关系进行预测，成为研究宏观经济的主流模型之一③。模型的一般形式如式（1）所示：

$$Y_t = \alpha + \sum_{i=1}^{p} \beta_i Y_{t-i} + \varepsilon_t \tag{1}$$

其中，E（ε_t）= 0，E（ε_t，Y_{t-i}）= 0，i = 1，2，…，p；Y_t 是时间序列被解释变量，β_i 是系数矩阵，Y_{t-i} 是 Y_t 向量的 i 阶滞后变量，ε_t 是随机扰动项，且为白噪声过程，满足零均值、同方差、无自相关、与解释变量无关的古典假定。

（二） ADF 与 KPSS 检验方法

本文采用时间序列平稳性检验最为常见的 ADF 检验方法。ADF 单位根

---

① 马轶群、史安娜：《金融发展对中国经济增长质量的影响研究——基于 VAR 模型的实证分析》，《国际金融研究》2012 年第 11 期，第 30 – 39 页。

② 苏桂芳、胡日东、衣长军：《中国经济增长与科技投入的关系——基于协整与 VAR 模型的实证分析》，《科技管理研究》2006 年第 9 期，第 26 – 29 页。

③ 丁正良、纪成君：《基于 VAR 模型的中国进口、出口、实际汇率与经济增长的实证研究》，《国际贸易问题》2014 年第 12 期，第 91 – 101 页。

检验用于检验时间序列模型有无单位根，ADF 检验用于检验变量的非平稳性，根据模型的选定，分别对照 ADF 的分布表中的临界值判断是否存在单位根，若含有单位根，则模型是非平稳的。检验时一般先从有趋势项和截距项的模型开始进行单位根检验，当确定不含有趋势后，继续用含有截距项的模型进行检验，若存在单位根，最后用不含有截距项和趋势项的模型检验。因此，本文分别对东盟对华出口额、东盟对华进口额以及东盟 GDP进行检验。如果三者通过检验，可直接运用 VAR 方法进行实证分析；如果不平稳，则需要进一步进行差分处理，如果三者此时通过 ADF 检验，这三者同为一阶单整，可以进行下一步处理；如果检验的模型仍然不能拒绝存在单位根，说明可能时间序列不平稳，则需要进行一阶差分后再进行检验，如果仍然存在单位根，再差分……直到拒绝单位根为止。

（三）格兰杰因果检验

协整检验结果只能发现各变量间是否存在长期的稳定关系，但无法验证各变量之间的因果关系，因此需要通过格兰杰因果检验进一步分析变量间是否存在因果关系。但是格兰杰因果关系并非真正意义上的因果关系，它只是一种动态相关的关系，展示的是一个变量对另一个变量是否有某种"预测能力"。同时，也要注意格兰杰关系可能由第三个变量引起，格兰杰因果检验只适用于平稳时间序列，或者通过协整检验之后才能进行格兰杰因果检验。

（四）脉冲响应分析

VAR 模型可以预测向前一期的情况。VAR 模型包含了许多参数，这些参数的经济意义又难以解释，因此，可以通过建立 VAR 的脉冲响应函数进行分析。脉冲响应函数可以分析随机扰动项一个标准差的冲击对内生变量的影响，即考虑扰动项的影响如何波及到各个变量。

（五）方差分解

基于脉冲响应函数可以考量 VAR 模型中一个内生变量的冲击对于其他

内生变量的作用趋势，但难以更进一步评价不同结构冲击的程度及其重要性。因此，本文需要通过方差分解来度量其每一个结构冲击对内生变量变化的解释力度，即通过方差分解分析东盟对华出口额、东盟对华进口额以及东盟 GDP 三个变量被自身或其他两个变量的解释程度。

三、实证分析

（一）变量选取与定义

本文结合新经济增长理论和国民收入恒等式，首先，从生产理论的角度出发，通过经济总量生产函数 Y = FN（L，K）来进行分析，得知一个国家的经济增长，各国进出口的货物必然与各投入要素息息相关；其次，从国民收入恒等式角度来分析，根据 Y = C + I + G + EX － IM（C 表示总消费，I 表示总投资，G 表示政府部门开支，EX 表示总出口，IM 表示总进口）收入恒等式可知，生产投入要素会影响经济产出总量，而对外进出口贸易也会对经济产生一定的影响。

因此，在不考虑其他因素影响下，本文采用东盟国内生产总值 GDP、进口 EXP 以及进口 IMP 建立三维模型，分析东盟对华进口、出口贸易与东盟经济增长之间的关系。李立民等[①]选取 2005 ～ 2016 年的面板数据研究东盟贸易问题，刘方等[②]选取 1995 ～ 2013 年数据分析东盟贸易与金融问题，甘梅霞[③]选取 1987 ～ 2005 年的数据分析中国—东盟经贸关系问题。因此，从数据可得性和数据匹配性出发，本文研究样本使用 1998 ～ 2017 年的数据，这段时期，东南亚经济危机已过，东盟各国都采取一定的财政政策和货币政策调整国内经济，对外贸易不断回升；而在中国提出"一带一路"倡议后，中国—东盟经贸更是发展迅猛。本文的数据来源于国家统计局官

---

① 李立民、张越、王杰：《OFDI 对中国—东盟贸易影响研究》，《国际经济合作》2018 年第 9 期，第 76 － 86 页。

② 刘方、胡小丽：《中国—东盟贸易开放与金融发展的互动关系——基于面板门限模型的实证分析》，《东南亚纵横》2016 年第 4 期，第 39 － 47 页。

③ 甘梅霞：《中国与东盟国家贸易对中国经济增长影响的实证研究——基于不同生产要素密集型产品贸易的视角》，《世界经济研究》2008 年第 7 期，第 81 － 86 页。

网、世界银行、海关总署和国际货币基金组织。为避免存在的异方差问题，本文对三个变量进行对数化处理：LnGDP，即国内生产总值的自然对数，衡量东盟经济增长；LnEXP，即东盟对华出口贸易总额的自然对数；LnIMP，即东盟对华进口贸易总额的自然对数（高峰等，2005[①]；韩家彬等，2012[②]；张慧媛，2017[③]）。

通过观察表1列出的三个变量 LnASGDP、LnEXP、LnIMP 的统计描述可以发现，LnEXP 的波动小于 LnIMP，对华出口较对华进口相对稳定，这是符合之前本文描述的中国—东盟之间贸易实际情况的，从 2011 年下半年开始，东盟对华贸易由顺差转为逆差，主要原因就是东盟从华进口不断增加。

表1　1998~2017 年 LnASGDP、LnEXP 和 LnIMP 变量的统计描述

变量	平均值	标准差	最小值	最大值
lnASGDP	18.67188	0.6202679	17.68875	19.43594
lnEXP	15.91476	0.9579996	14.04576	16.97743
lnIMP	15.84236	1.127999	13.90341	17.15759

资料来源：作者实证分析整理所得。

（二）变量平稳性检验

本文分别对 LnASGDP、LnEXP、LnIMP 三个变量进行 ADF 检验，判断三个变量是否平稳，即是否存在单位根。根据表2中的检验结果可知：LnASGDP、LnEXP、LnIMP 在都不含趋势项的情况下，都为平稳时间序列。此外，根据 KPSS 的检验结果，三个变量在不同置信水平下接受原假设：该变量为平稳时间序列，其中 LnASGDP 变量的 KPSS 检验结果最佳。检验

[①]　高峰、范炳全、王金田：《我国进出口贸易与经济增长的关系——基于误差修正模型的实证分析》，《国际贸易问题》2005 年第 7 期，第 5–9 页。

[②]　韩家彬、张振、李豫新：《进出口贸易、FDI 对金砖 5 国经济增长影响的比较研究》，《国际贸易问题》2012 年第 11 期，第 66–73 页。

[③]　张慧媛：《基于 VAR 模型的天津市进出口贸易与经济增长动态关联分析》，《海洋经济》2017 年第 4 期，第 51–57 页。

结果都表明：LnASGDP、LnEXP、LnIMP 为平稳时间序列，可以通过 VAR 模型进行分析。

表2　LnASGDP、LnEXP、LnIMP 三个变量的单位根检验

变量	检验类型 (c, t, k)	ADF 检验值	结论	检验类型 (t, k)	KPSS 检验值	结论
LnASGDP	(1, 0, 3)	−1.872**	平稳	(1, 3)	0.115	10%水平下，平稳
LnEXP	(1, 0, 0)	−2.729*	平稳	(1, 3)	0.165	2.5%水平下，平稳
LnIMP	(1, 0, 0)	−2.337**	平稳	(1, 3)	0.162	2.5%水平下，平稳

注：①检验形式（c，t，k）中，"c = 1"表示含有常数项，"c = 0"表示不含有常数项；"t = 1"表示含有趋势项，"t = 0"表示不含有趋势项；k 表示滞后阶数。②*、**、***分别代表在 10%、5%、1%显著性水平下显著。③KPSS 检验渐进临界值：10% 水平：0.119；5% 水平：0.146；2.5% 水平：0.176；1% 水平：0.216。

资料来源：作者实证分析整理所得。

（三）模型的构建与检验

本文在建立 VAR 模型分析前，进行最优滞后阶的确定，经过检验后根据 AIC 和 SC 取值最小的准则的结果，结合对数似然函数、似然比检验和 HQIC 准则等结果的风险，并且考虑多方面影响因素，将变量滞后阶数确定为二阶。因此，本文采用 LnASGDP、LnEXP、LnIMP 三个变量的滞后二阶向量自回归 VAR 模型构建动态关系，根据回归模型的结果建立具体的矩阵模型，见式（2）：

$$
\begin{pmatrix} LnASGDP \\ LnEXP \\ LnIMP \end{pmatrix} = \begin{pmatrix} 2.387 \\ 2.746 \\ -2.337 \end{pmatrix} + \begin{pmatrix} 1.174 & 0.343 & -0.9 \\ 0.212 & 1.71 & -1.721 \\ 0.319 & 0.64 & -0.334 \end{pmatrix} \begin{pmatrix} LnASGDP_{t-1} \\ LnEXP_{t-1} \\ LnIMP_{t-1} \end{pmatrix} +
$$

$$
\begin{pmatrix} -0.452 & 0.079 & 0.665 \\ -0.374 & -0.35 & 1.397 \\ -0.111 & 0.049 & 0.559 \end{pmatrix} \begin{pmatrix} LnASGDP_{t-2} \\ LnEXP_{t-2} \\ LnIMP_{t-2} \end{pmatrix} + \begin{pmatrix} \varepsilon_{1t} \\ \varepsilon_{2t} \\ \varepsilon_{3t} \end{pmatrix} \quad (2)
$$

由表3可知，上述 VAR 回归模型中所估计系数的 t 统计量值大部分在 10% 显著水平下是显著的，虽然发现有一部分变量的系数不显著，但本文仍可以选取滞后二阶的模型。模型中部分变量的系数不显著，可能是由于

在方程中有相同变量的多个滞后值产生的多重共线性引发的。对此，进行下一步检验对扰动项为白噪声进行 LM 检验，即残差是否存在自相关。结果显示二阶滞后的 p 值为 0.14075，含义为接受残差"无自相关"的原假设，即认为扰动项为白噪声。

表 3　各个变量系数的回归 p 值

	LnASGDP$_{t-1}$	LnEXP$_{t-1}$	LnIMP$_{t-1}$	LnASGDP$_{t-2}$	LnEXP$_{t-2}$	LnIMP$_{t-2}$	C
LnASGDP	0.000 ***	0.030 **	0.000 ***	0.020 **	0.559	0.000 ***	0.080 *
LnEXP	0.595	0.000 ***	0.000 ***	0.339	0.197	0.000 ***	0.316
LnIMP	0.327	0.014 **	0.326	0.730	0.825	0.026 **	0.297

注：*、**、***分别代表在 10%、5%、1% 显著性水平下显著。
资料来源：作者实证分析整理所得。

为进一步确认 VAR 系统是否平稳，本文画出所有变量特征值的几何分布图，如果估计的 VAR 模型所有根的倒数小于 1，即点落在单位圆内，则说明本文建立的 VAR 系统是稳定的。根据图 1 可知所有特征值都在单位圆之内，故 VAR 系统是稳定的，表明选取的 LnASGDP、LnEXP、LnIMP 变量之间存在长期稳定关系，可以进行下一步分析。

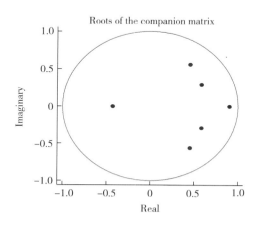

图 1　VAR 系统稳定性的判别图

资料来源：作者实证分析整理所得。

（四） 格兰杰因果关系检验

根据前文的检验分析可知，LnASGDP、LnEXP、LnIMP 三个变量为平稳时间序列，在此基础上，为判断三个变量之间是否存在因果关系，需要对三个变量进行格兰杰因果关系检验。检验结果如表 4 所示：

表 4 LnASGDP、LnEXP、LnIMP 三个变量的格兰杰因果分析

指标	LnASGDP	LnEXP	LnIMP
LnASGDP	42.724 *** （0.000）	15.63 *** （0.000）	21.446 *** （0.000）
LnEXP	1.0657 （0.587）	22.988 *** （0.000）	21.8 *** （0.000）
LnIMP	1.503 （0.472）	15.642 *** （0.000）	20.365 *** （0.000）

注：表中给出了联合显著性 F 检验值，括号中的数值为 p 值，*、**、*** 分别代表在 10%、5%、1% 显著性水平下显著。

资料来源：作者实证分析整理所得。

从表 4 的检验结果可知，LnEXP、LnIMP 均是 LnASGDP 的格兰杰原因，LnASGDP 为 LnEXP、LnIMP 的格兰杰结果，而 LnEXP 与 LnIMP 之间为双向因果关系。从东盟总体经济发展来看，东盟需要依靠进出口贸易拉动国内经济发展，特别是东南亚发生金融危机后，经济一度下滑，而此时中国与东盟之间的相互合作关系也变得越来越紧密，东盟对华进出口贸易总额不断增加，国内生产总值也不断提升。东盟对华进出口之间互为因果关系，更是体现东盟对华进出口之间的关系十分密切。在 1998 ~ 2011 年，东盟对华出口大于对华进口贸易总额，但 2011 年后对华进口贸易总额大于对华出口贸易总额。近年来东盟对华进出口贸易之间的差额又不断减少，实际上体现了东盟对华进出口贸易之间的良性双向互动关系。

（五） 脉冲响应分析

下面进一步对 LnASGDP、LnEXP、LnIMP 三个变量进行脉冲响应分

析，结果如图 2 所示：

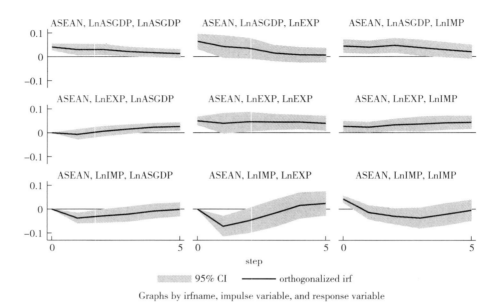

图2　正交化脉冲响应图（变量次序 LnASGDP、LnEXP、LnIMP）

资料来源：作者实证分析整理所得。

　　第一行中的三个小图都是以 LnASGDP 为脉冲变量，对 LnASGDP、LnEXP 与 LnIMP 进行冲击后的动态效应展示图。从第一行的三个小图可以看出，东盟的国内生产总值对它自身冲击比较小，但是对出口的冲击比较大，效果逐渐递减，与之呼应的第二行中的第一个小图，展示的是东盟对华出口贸易对东盟经济增长的冲击，冲击力度逐渐增加。而 LnEXP 对其本身与 LnIMP 的冲击变化则比较平稳，LnIMP 对 LnASGDP、LnEXP 与 LnIMP 三者的脉冲冲击反应都比较大，特别是 LnEXP，这也正符合之前本文对东盟对华的贸易分析特点，东盟对华进口与出口之间有强烈的双向因果关系。

　　根据本文的初步分析，下面具体讨论东盟对华出口贸易对经济增长的脉冲响应、对华进口贸易对东盟经济增长的脉冲响应以及对华进口贸易对出口贸易的脉冲响应。

1. 出口贸易对东盟经济增长的脉冲响应分析

由图3可知，当本期给东盟对华出口贸易一个正向冲击后，对东盟整体的国内生产总值在下一年有微弱的负向影响，在此之后，有较为明显的正向促进作用。这表明在未来，东盟增加对华贸易出口，长期是有利于东盟整体经济增长的。因此，中国—东盟应当关注短期的经贸合作，优化贸易结构，增强贸易互补性，实现在贸易中互利共赢。

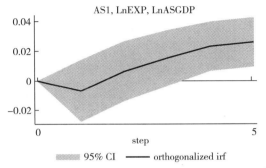

图3　LnEXP 对 LnASGDP 正交脉冲的响应
（变量次序 LnASGDP、LnEXP、LnIMP）

资料来源：作者实证分析整理所得。

2. 进口贸易对东盟经济增长的脉冲响应分析

通过对图4的分析可以发现，未来的一年里东盟对华进口贸易对东盟经济影响微弱，之后进口贸易会迅速拉动东盟整体的增长。这种现象验证了古典经济学派李嘉图的观点，一国经济增长的基本动力是资本积累，而对外贸易可以提高社会福利，可以降低本国生产机会成本，从而实现增加资本积累，推动国家的经济增长。因此，东盟对华进口增加，从长期来看是有助于东盟的经济发展的。

3. 进口贸易对出口贸易的脉冲响应分析

从格兰杰因果检验可以得知东盟对华进口贸易与出口贸易之间存在强烈的双向因果关系，通过图5，可以进一步观察到这种双向关系。起初，东盟对华进口贸易对出口会有一个负向冲击，但之后又逐渐转为正向冲击。从短期来看，对华出口与对华进口两者关系背道而驰，增加对华进口会影响到对华进口贸易；但从长期发展来看，两者会产生相互促进的作用。

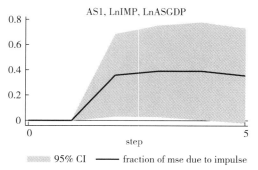

图 4　LnIMP 对 LnASGDP 正交脉冲的响应
（变量次序 LnASGDP、LnEXP、LnIMP）

资料来源：作者实证分析整理所得。

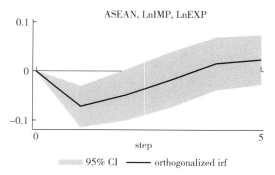

图 5　LnIMP 对 LnASGDP 正交脉冲的响应
（变量次序 LnASGDP、LnEXP、LnIMP）

资料来源：作者实证分析整理所得。

（六）方差分解

下面进一步对 LnASGDP、LnEXP 与 LnIMP 三者之间的相互关系进行方差分解分析，表 5、表 6 和表 7 为预测方差结果，每行的结果相加为

100%。同时也要注意，无论是脉冲响应函数还是预测方差分解，都在一定程度上依赖于变量的排序，对于 n 个变量的 VAR 系统就有 n! 种可能的变量排序。而本文的排序为 LnASGDP→LnEXP→LnIMP。

表 5　变量 LnASGDP 的方差分解结果　　　　　　单位:%

step	LnASGDP	LnEXP	LnIMP
0	0	0	0
1	100	0.00	0.00
2	63.05	1.17	35.78
3	59.45	1.52	39.03
4	56.21	4.72	39.07
5	53.37	11.19	35.44

资料来源：作者实证分析整理所得。

表 5 为变量 LnASGDP 的方差分解结果，观察可知 LnASGDP 未来几年的方差预测大部分来源于自身，第一年为 100%，影响全部来源于自身，而之后逐渐递减，同时关注到 LnIMP 从第二年开始所占比例越来越大，特别是第四年占了 39.07%，而 LnEXP 所占比例减小，再一次说明东盟对华进口对东盟经济影响较大。

表 6　变量 LnEXP 的方差分解结果　　　　　　单位:%

step	LnASGDP	LnEXP	LnIMP
0	0	0	0
1	62.00	38.00	0.00
2	38.61	26.86	34.53
3	33.82	29.71	36.47
4	31.05	35.10	33.85
5	28.47	39.77	31.76

资料来源：作者实证分析整理所得。

表 6 为变量 LnEXP 的方差分解结果，影响第一年 LnEXP 的预测方差结果主要来源于 LnASGDP，来自本身的只占 38%，但从长期看，来自本身

的影响逐渐上升，但非常缓慢。同时，从第二年开始，LnEXP 的预测方差结果影响来源于自身，很大一部分来源于 LnASGDP 与 LnIMP，这也说明东盟的经济情况会影响东盟的对华出口贸易，对华进口贸易更是很大程度上影响出口贸易。

表 7 变量 LnIMP 的方差分解结果 单位:%

step	LnASGDP	LnEXP	LnIMP
0	0	0	0
1	43.83	16.11	40.06
2	51.92	18.66	29.42
3	52.04	21.42	26.54
4	46.93	24.37	28.69
5	43.55	29.92	26.53

资料来源：作者实证分析整理所得。

表 7 为变量 LnIMP 的方差分解结果，第一年 LnIMP 受自身影响相对强一些，但是从第二年开始，主要都是来源于 LnASGDP，这与表 5 的结果一致，LnASGDP 与 LnIMP 之间影响较大，强于 LnEXP。由于东盟依靠廉价的劳动力优势，出口具有相对优势的产品，目前停留在较低的生产水平，生产的产品质量不高；但近年来，随着中国制造的崛起，东盟对华进口贸易额越来越大，对高新技术产品需求也逐渐扩大，未来持续对华进口商品，有助于发展东盟内部的制造业、服务业等行业，有助于东盟的经济增长，同时东盟的经济增长将进一步拉动对华进口贸易。本文也观察到，长期来看，LnIMP 来源于自身的影响与来源于 LnEXP 的影响旗鼓相当，说明东盟对华进口贸易与对华出口贸易紧密相连，中国—东盟之间的贸易差额不会被持续拉大；也从另一角度反映出，近年来随着中国"一带一路"建设的开展，中国在东盟的投资不断增加。比如在加工制造业，中国产业转移到东盟，依靠东盟廉价的劳动力进行生产，东盟再发展转口贸易出口到中国，而中国先进的生产设备又不断出口到东盟。

目前，中国对东盟进口、出口产品均以机电产品为主。2016 年，东盟进口中国最多的产品是"电机、电气设备及其零件"，多达 519.3 亿美元，占中国出口东盟总额的 20.0%；其次为"锅炉、机器、机械器具及零件"，出口额为 359.6 亿美元，占比为 13.9%；钢铁的出口额为 143.9 亿美元。[①]同时，随着东盟大力发展基础设施建设，东盟国家对机械等基建产品需求也将不断增长。

四、东盟各国差异分析

（一）东盟内部各国经济发展差异较大

本文对东盟整体进行了分析，也发现一些结果不够显著，这可能主要来源于东盟十国对华进出口贸易的差异，也会影响各国的经济发展。下面本文进一步对东盟十国进行必要的分析。

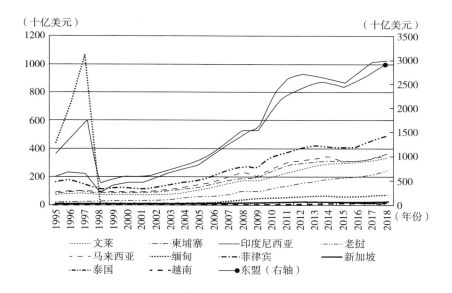

图 6 1995~2018 年东盟各国国内生产总值（GDP）

资料来源：国际货币基金组织、世界银行。

---

① 《统计数据告诉你：中国与东盟贸易……》，中国—东盟自由贸易区官网，2017 年 4 月 24 日，http://www.cafta.org.cn/show.php? contentid = 81112，登录时间：2019 年 6 月 6 日。

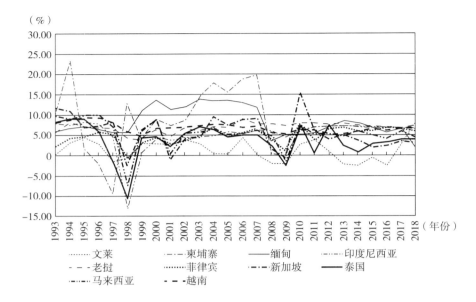

图7 1993～2018 年东盟十国 GDP 增长率

资料来源：国际货币基金组织。

通过图 6 和图 7 可以发现，东盟十国经济增长速度各有不同，东盟整体经济增长速度也充满不确定性的因素。印度尼西亚经济体量位居东盟内部榜首，远远大于其他 9 个国家。2018 年印度尼西亚的 GDP 总量约为 1.02 万亿美元，GDP 增速为 5.17%。而柬埔寨 GDP 增速为 7.3%、越南为 7.08%、缅甸为 6.7%、老挝为 6.5%、菲律宾为 6.2%，新加坡也达到了 3.3%。

通过图 8 和图 9 可以发现，目前东盟对华贸易额排前三位的国家分别是越南、马来西亚、泰国。越南位居对华进口贸易量榜首，2017 年出口贸易总额为 716.2 亿美元；而马来西亚则位列对华出口贸易量第一，贸易总量为 544.2 亿美元。东盟对华出口贸易总额排名前三的分别是马来西亚、越南、泰国，其中增速排名前三的分别是柬埔寨（增长 36.7%）、越南（增长 27%）、老挝（增长 25.8%）。东盟对华进口贸易额排名前三的分别是越南、新加坡、马来西亚，其中增速排名前三的分别是文莱（增长 149.8%）、柬埔寨（增长 25.7%）、印度尼西亚（增长 24.3%）。

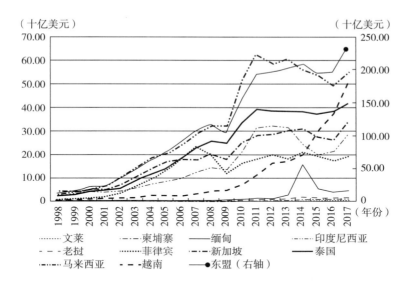

图 8　1998～2017 年东盟各国对华贸易出口

资料来源：国家统计局。

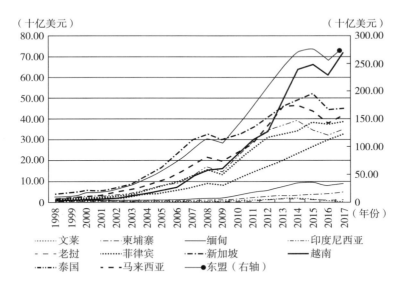

图 9　1998～2017 年东盟各国对华贸易进口

资料来源：国家统计局。

（二）东盟各国的格兰杰因果检验分析

对东盟各国分别进行时间序列的平稳性检验后，根据检验结果再分别对各国模型进行优化处理，选择合适滞后阶数进行 VAR 模型分析，最后分别对各国进行格兰杰因果检验。

通过图 10 的格兰杰因果检验结果，进一步区分东盟十国的差异，如表 8 所示。

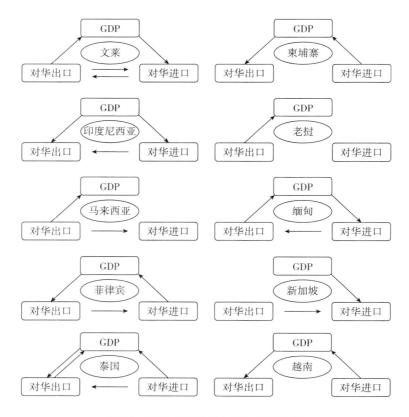

图 10　东盟十国格兰杰因果检验结果

注："——→"代表由因到果的关系，"⇄"代表双向因果关系，如果没有箭头则表示格兰杰因果检验无法判断因果关系。

资料来源：作者实证分析整理所得。

表8　东盟十国按驱动经济增长因素分类表

类型	国家
对华进口拉动经济增长型	柬埔寨、菲律宾、越南
对华出口拉动经济增长型	文莱、老挝、马来西亚、缅甸
对华进出口拉动经济增长型	泰国
其他	新加坡、印度尼西亚

（三）脉冲响应与方差分解分析

1. 对华进口拉动经济增长型的脉冲响应分析

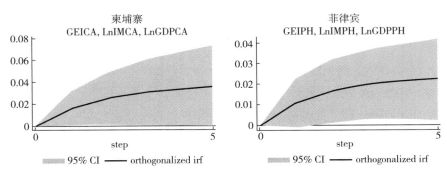

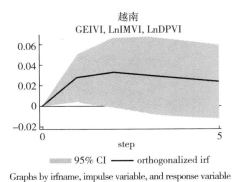

图11　柬埔寨、菲律宾和越南三国对华进口对 GDP 的正交脉冲响应图

资料来源：作者实证分析整理所得。

通过脉冲响应图分析，可知在未来的一段时期内，柬埔寨、菲律宾和越南三个国家对华进口贸易对 GDP 的效应为正，对华进口贸易的增加能够带动国内经济的增长。表 9 也显示了柬埔寨、菲律宾和越南三国的 LnGDP-CA 变量方差的影响主要来源于本身，其次，在柬埔寨和越南 GDP 的方差分解中，对华进口贸易会对 LnGDPCA 的方差产生一定的影响，但是菲律宾则是来自对华出口贸易。这说明，柬埔寨和越南对华进口贸易能够稳定推动国内经济发展，但是菲律宾的经济增长贸易动力来源不够稳定。

表 9　柬埔寨、菲律宾和越南三国 GDP 变量的方差分解结果　　单位:%

step	柬埔寨			菲律宾			越南		
	LnGDPCA	LnEXCA	LnIMCA	LnGDPPH	LnEXPH	LnIMPH	LnGDPVI	LnEXVI	LnIMVI
0	0	0	0	0	0	0	0	0	0
1	100	0	0	100	0	0	100	0	0
2	91.6	0.2	8.2	93.8	4.1	2.1	86.9	0.1	13.0
3	82.5	0.3	17.2	82.9	12.0	5.1	80.3	0.1	19.5
4	75.3	0.2	24.5	70.9	21.2	7.9	77.6	0.6	21.8
5	69.6	0.2	30.2	60.0	30.0	10.0	76.4	1.3	22.3

资料来源：作者实证分析整理所得。

同时，由表 10 可知，柬埔寨对华进口贸易的方差波动来源于其自身，随着时间的推移，来自 LnGDPCA 的影响不断增加。越南对华进口贸易的方差波动前期来源于其自身，到了后期则是来源于 GDP，菲律宾对华进口贸易的方差波动则是对华出口贸易占主导地位，这也说明菲律宾的对华出口贸易和 GDP 对华出口贸易有较大依赖性。

表 10　柬埔寨、菲律宾和越南三国对华进口贸易额变量的方差分解结果

单位:%

step	柬埔寨			菲律宾			越南		
	LnGDPCA	LnEXCA	LnIMCA	LnGDPPH	LnEXPH	LnIMPH	LnGDPVI	LnEXVI	LnIMVI
0	0	0	0	0	0	0	0	0	0
1	17.1	9.4	73.4	5.2	58.2	36.6	43.6	0.0	56.4
2	22.0	7.5	70.5	6.8	62.0	31.1	50.0	1.5	48.5
3	25.7	6.1	68.2	7.0	65.4	27.6	54.5	3.1	42.4
4	28.4	5.1	66.5	6.6	68.3	25.1	57.6	4.2	38.1
5	30.2	4.5	65.4	5.9	70.8	23.4	59.9	5.0	35.1

资料来源：作者实证分析整理所得。

2. 对华出口拉动经济增长型的脉冲响应分析

通过东盟四国的脉冲响应图（见图 12），在短期内，文莱对华出口有助于国内经济发展，但长期来看，这种正向效应会逐渐减弱。文莱是石油大国，石油贸易是文莱经济的晴雨表，对华主要出口能源类产品，价格高，则经济上行，反之则不利于经济发展。长期来看，文莱将面临"石油诅咒"的可能。单一的能源贸易不利于文莱经济发展。老挝和马来西亚的对华出口贸易给 GDP 一个正向冲击后，未来几年这种正向作用依然能够保持平稳发展的趋势；而缅甸的 GDP 受到冲击后，先是表现为负向效应，但后期呈现出正向效应，表明在短期内，缅甸对华出口贸易阻碍了国内经济发展，但长期来看有利于经济发展。这也说明这四个国家更偏向于古典学派的出口导向型经济增长类型，对华出口有利于这些国家资本的快速积累，不断扩大生产能力，促进生产技术水平的提高，实现规模经济，最终

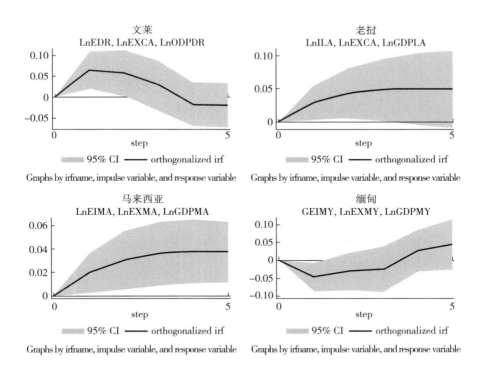

图 12 文莱、老挝、马来西亚和缅甸四国对华出口对 GDP 的正交脉冲响应图
资料来源：作者实证分析整理所得。

拉动整个国家的经济增长①。

表11展示了文莱、老挝、马来西亚和缅甸四国的国内生产总值方差波动影响来源，在前1期中，方差波动影响都来源于其自身，文莱、老挝和马来西亚三个国家未来5期自身影响占绝大部分，其次国内生产总值的方差波动影响才来自对华出口贸易。缅甸从第3期开始，其解释力度主要来源于对华进口贸易。

表11 文莱、老挝、马来西亚和缅甸四国 GDP 变量的方差分解结果

单位:%

step	文莱			老挝			马来西亚			缅甸		
	LnGDPBR	LnEXBR	LnIMBR	LnGDPLA	LnEXLA	LnIMLA	LnGDPMA	LnEXMA	LnIMMA	D. LnGDPMY	D. LnEXMY	D. LnIMMY
0	0	0	0	0	0	0	0	0	0	0	0	
1	1	0	0	1	0	0	1	0	0	1	0	0
2	78.0	21.8	0.1	86.8	11.6	1.6	95.9	3.8	0.2	57.6	28.3	14.1
3	70.0	29.6	0.4	73.2	22.5	4.3	89.5	10.1	0.4	39.2	19.6	41.2
4	64.3	28.4	7.3	63.8	29.1	7.1	82.4	17.2	0.3	37.1	18.5	44.4
5	61.9	26.3	11.8	57.7	32.9	9.4	75.8	23.9	0.3	35.9	19.8	44.3

资料来源：作者实证分析整理所得。

由表12可知，文莱、老挝、马来西亚和缅甸四国对华出口贸易额变量的方差波动都来源于其自身，未来5期都占绝大部分解释力度，表明这4个国家的对华出口贸易具有自我促进能力。其次的解释力度贡献占比中，文莱和缅甸来自对华进口贸易，而老挝和马来西亚来自GDP。文莱和缅甸有着丰富的矿物资源，但这些矿物资源的开采必然需要进口一批先进的机械②。老挝和马来西亚对华出口贸易额除了受出口惯性影响，也受一定的经济总量状况影响。

这在一定程度上印证了凯恩斯的乘数效应理论。在开放的经济中，可以通过贸易乘数效应来影响整个经济总量，在贸易乘数的作用下，社会财富和国民收入将成倍增加，经济增长速度不断加快。

---

① 傅帅雄、罗来军：《技术差距促进国际贸易吗？——基于引力模型的实证研究》，《管理世界》2017年第2期，第43－52页。

② 李俊青、韩其恒：《不完全资本市场、国际贸易失衡与个体福利》，《世界经济》2010年第9期，第46－66页。

表 12　文莱、老挝、马来西亚和缅甸四国对华出口贸易额变量的方差分解结果

单位:%

step	文莱			老挝			马来西亚			缅甸		
	LnGDPBR	LnEXBR	LnIMBR	LnGDPLA	LnEXLA	LnIMLA	LnGDPMA	LnEXMA	LnIMMA	D. LnGDPMY	D. LnEXMY	D. LnIMMY
0	0	0	0	0	0	0	0	0	0	0	0	0
1	1.2	98.8	0.0	8.4	91.6	0.0	35.7	64.3	0.0	0.0	100	0.0
2	1.2	98.8	0.0	10.8	86.1	3.1	26.7	73.3	0.1	9.1	74.4	16.6
3	4.8	78.9	16.3	13.2	80.3	6.5	20.4	79.3	0.3	9.2	76.9	13.9
4	4.4	82.2	13.5	15.5	75.3	9.2	16.5	82.9	0.6	9.9	76.8	13.3
5	5.1	80.3	14.5	17.5	71.4	11.1	14.2	84.8	0.9	10.4	75.8	13.8

资料来源:作者实证分析整理所得。

3. 对华进出口拉动经济增长型的脉冲响应分析

图 13 为泰国的脉冲响应图,从长期看,泰国对华进出口都将促进经济的增长,但对华出口的效应对经济增长影响的效果强于对华进口对经济增长的影响效果,且短期内泰国对华进口不利于经济发展。表 13 为三个变量的方差分解结果,变量 LnGDPTH 的影响主要来源于自身,其实也受 LnIMTH 的影响;变量 LnIMTH 的影响未来一年内主要来源于自身,但长期来看,逐渐取决于 LnGDPTH;同样,变量 LnEXTH 的影响主要取决于变量 LnGDPTH。这说明,泰国对华进出口贸易额在一定程度上受泰国经济影响,但总体而言对华进出口贸易有助于泰国经济增长①。中泰两国贸易的

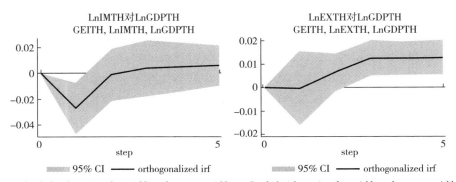

图 13　泰国对华进出口对 GDP 的正交脉冲响应图

资料来源:作者实证分析整理所得。

---

① 贺骁、廖维琳:《高新技术产品进出口贸易对经济增长的作用》,《国际贸易问题》2004
年第 5 期,第 13 – 16 页。

商品主要有原材料、能源、机电产品、消费品、农副产品、电子产品六大类，相比过去以劳动密集型的农副产品为主的贸易，当今贸易的商品已经以机电产品为主，中国与泰国之间的贸易互补性较强[①]。

表 13　泰国对华进出口贸易额变量 LnGDPTH、LnIMTH 与
LnEXTH 的方差分解结果　　　　　　　　单位:%

step	变量 LnGDPTH 的方差分解结果			变量 LnIMTH 的方差分解结果			变量 LnEXTH 的方差分解结果		
	LnGDPTH	LnEXTH	LnIMTH	LnGDPTH	LnEXTH	LnIMTH	LnGDPTH	LnEXTH	LnIMTH
0	0	0	0	0	0	0	0	0	0
1	100	0	0	39.5	6.3	54.2	57.1	42.9	0.0
2	78.5	0.0	21.5	54.2	7.2	38.5	62.1	27.1	10.9
3	80.1	1.0	18.8	59.2	7.9	32.9	59.7	30.6	9.7
4	78.7	4.5	16.8	58.9	10.8	30.3	53.6	34.0	12.4
5	77.4	7.1	15.5	58.4	13.2	28.4	50.7	36.2	13.1

资料来源：作者实证分析整理所得。

4. 对新加坡与印度尼西亚进行分析

通过实证分析之后，本文发现新加坡的对华进口与出口贸易之间存在因果关系，而经济增长将进一步拉动对华进口贸易，未来几年都将保持正向效应。通过方差分解结果，也可以看到对 LnGDPSI 的影响主要来自本身，对 LnIMSI 的影响，未来 1 年内主要来自本身，但长期来看，影响方差的贡献来自 LnGDPSI 与 LnEXSI。这与当今新加坡的经济结构相吻合。新加坡有着发达的转口贸易，出口将进一步推动其进口，经济的发展也将进一步推动新加坡增加进口，推动转口贸易的发展[②]。凭借马六甲海峡的优势地理位置，新加坡成为世界最大的物流中心，同时也成为世界的贸易与金融中心，贸易服务与金融这些第三产业成为了新加坡国内经济发展的晴雨表。

2018 年 11 月 12 日，在李克强总理和新加坡总理李显龙的共同见证

---

① 赵晓丽、洪东悦：《我国国际贸易结构变化对能源消费影响的敏感性分析》，《国际贸易问题》2009 年第 7 期，第 11 - 20 页。

② 杨长春：《论国际贸易与国际物流的关系》，《国际贸易》2007 年第 10 期，第 28 - 31 页。

下，两国政府在新加坡签署《自由贸易协定升级议定书》。两国都表示愿意在互利共赢的基础上提高贸易便利化水平，寻找更多的合作空间，推动自贸协定迈向更高台阶。因此，未来新加坡与中国之间的贸易关系发展将更加密切。

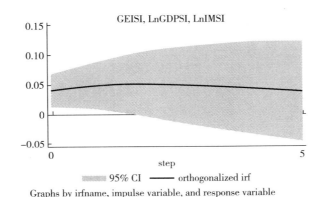

GEISI, LnGDPSI, LnIMSI

95% CI ——— orthogonalized irf

Graphs by irfname, impulse variable, and response variable

图 14　新加坡 GDP 对对华进口的正交脉冲响应图

资料来源：作者实证分析整理所得。

表 14　新加坡 LnGDPSI 与 LnIMSI 的方差分解结果　　单位:%

step	变量 LnGDPSI 的方差分解结果			变量 LnIMSI 的方差分解结果		
	LnGDPSI	LnEXSI	LnIMSI	LnGDPSI	LnEXSI	LnIMSI
0	0	0	0	0	0	0
1	100.0	0.0	0.0	37.1	4.2	58.8
2	95.9	4.0	0.1	31.1	41.2	27.7
3	87.5	12.2	0.3	24.6	60.2	15.1
4	77.3	22.3	0.4	20.4	69.8	9.8
5	67.5	32.0	0.4	17.6	75.3	7.1

资料来源：作者实证分析整理所得。

上文图 10 的格兰杰因果检验发现印度尼西亚的经济增长是对华进出口贸易的因，经济的增长推动了印度尼西亚对华出口和进口贸易，通过图 15，也可以看出，未来几年，印度尼西亚的经济增长对对华进出口贸易依然保持正向效应。从表 15 中的方差分解结果，也可以清晰看到，对 LnGD-

PIN 的影响主要来自其本身，从长期来看对 LnEXIN 和 LnIMIN 的主要影响都来自 LnGDPIN。

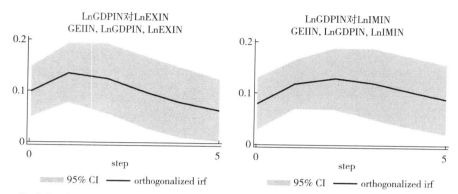

图 15　印度尼西亚 GDP 对对华进出口的正交脉冲响应图

资料来源：作者实证分析整理所得。

表 15　印度尼西亚 LnGDPIN、LnEXIN 与 LnIMIN 三个变量的方差分解结果

单位：%

step	变量 LnGDPIN 的方差分解结果			变量 LnEXIN 的方差分解结果			变量 LnIMIN 的方差分解结果		
	LnGDPIN	LnEXIN	LnIMIN	LnGDPIN	LnEXIN	LnIMIN	LnGDPIN	LnEXIN	LnIMIN
0	0	0	0	0	0	0	0	0	0
1	100.0	0.0	0.0	57.3	42.7	0.0	40.8	18.1	41.1
2	97.5	1.9	0.7	72.9	19.0	8.1	67.9	10.5	21.6
3	95.5	3.8	0.7	75.2	15.6	9.3	78.4	7.2	14.3
4	94.5	5.0	0.6	75.8	15.9	8.2	81.6	7.2	11.2
5	94.0	5.5	0.5	76.4	16.1	7.5	82.9	7.7	9.4

资料来源：作者实证分析整理所得。

印度尼西亚中央统计局公布的数据显示，印度尼西亚 2018 年的经济增速为 5.17%，增速超过市场预期，高于上一年 0.1 个百分点。中国经济的快速发展对于能源产生了强劲的需求，而印度尼西亚有着丰富的资源，矿石燃料出口在印度尼西亚出口中占有举足轻重的地位。但当前印度尼西亚政府为保持贸易平衡，保证国内经济更好发展，通过提高关税解决经常账户赤字不断扩大的问题。2018 年已提高超过 1100 类商品的进口关税，消费类商品关税提高至原来的四倍。因此印度尼西亚整个国家的经济发展状况将影响印度尼西亚对华贸易的政策。

五、结论与建议

（一）结论

本文通过对东盟对华进口、东盟对华出口、东盟 GDP 构建三维向量的 VAR 模型，实证检验了 1998～2017 年东盟对华贸易与经济增长间的关系。格兰杰因果检验结果显示：①东盟对华进口和出口均是经济增长的格兰杰原因；②东盟经济为对华进口和出口贸易的格兰杰果；③东盟对华出口贸易与对华进口贸易之间为双向因果关系。通过方差分解也可得出，就整个东盟经济体而言，尽管短期内，东盟对华出口会对经济产生不稳定的波动影响；但从长期看，东盟对华进口贸易和出口贸易都会拉动东盟经济的增长，且东盟对华进口贸易对经济发挥的增长作用效果更强。但对华进口和对华出口之间的关系并不稳定，这也是受多种因素影响，如国家领导人更换、全球经济形势和金融危机等。同时，进出口之间的不稳定，也是一种国际贸易缺口调节过程。在东南亚危机之后，东盟进出口贸易骤降。随着中国与东盟确定战略合作伙伴关系，经贸关系得以迅速发展，但之后又经历了全球金融危机，2015 年中国—东盟自贸区全面建成后，中国与东盟部分国家之间的大多数商品贸易实现零关税，经贸更是空前繁荣。

与此同时，虽然中国与东盟的进出口贸易近年来都呈现增长趋势，但从东盟内部十国来看，东盟对华进出口贸易对经济增长的影响不完全相同，存在较大差异：①柬埔寨、菲律宾、越南三国对华进口更有助于拉动国内经济的快速发展；②文莱、老挝、马来西亚、缅甸四国则是对华出口更有利于经济的发展；③相比以上七国，新加坡、印度尼西亚和泰国三个传统贸易伙伴国对华进出口的贸易对国内经济影响效果大相径庭。这也反映出其他 7 个国家经济发展高度依赖于对华贸易，而新加坡、印度尼西亚和泰国这三个国家经济发展动力不完全来源于对华贸易，而是其经济增长带来对华贸易增长。其中一个原因在于贸易结构不匹配，中国与东盟市场需求都在不断发生改变，随着中国消费不断升级，东盟对产品质量的要求也在提高。因此，优化贸易结构和提升产品服务质量，才能满足市场消费者的需求。

（二）建议

基于以上研究，本文提出下述相关建议：

一是调整我国与东盟之间的进出口贸易结构，发挥我国在贸易中的比较优势，促进中国与东盟之间的产业互补合作。这需要我国进一步找准产业定位，细化国际分工，才能推动国际贸易的互补合作。如充分利用东盟廉价的劳动力，发挥东盟劳动要素优势，进口东盟劳动密集型产品，带动东盟就业；同时扩大我国在 5G 等方面的高新技术产品的出口，不仅有利于帮助东盟发展网络信息技术，提高第三产业 GDP，还有助于减少贸易摩擦，实现对进口与出口贸易缺口的调节，避免造成过大的国际贸易逆差或者贸易顺差，促进经济平稳增长。

二是加强对柬埔寨、菲律宾、越南三国的出口贸易合作。鉴于东盟十国对华贸易存在一定的差异，我国进行对外贸易时应当加以细分。对于以上三国，我国可以通过丰富贸易产品种类提高出口产品的质量，不仅有利于我国高端产品打开东盟市场，也有利于拉动其经济进一步实现增长。

三是加强与文莱、老挝、马来西亚、缅甸四国的进口贸易合作。当地拥有着丰富的自然资源，如文莱的油气资源，我国可以加强与其在矿物资源方面的进口合作。这不仅有利于缓解我国能源压力，也能帮助各国充分利用当地要素禀赋，推动经济发展。

四是深化与泰国的经贸合作。泰国对华出口贸易与经济增长互相促进，同时对华出口也会拉动经济增长，因此可在现有的中泰贸易基础上深化中泰全方位的经贸合作。这需要我国与东盟共同努力，双方可以通过优化口岸营商环境、鼓励企业开展对外贸易和简化贸易海关程序等方面的努力，提高贸易便利化，实现贸易增长带动经济增长。

五是提升与新加坡、印度尼西亚的经贸合作水平。实证结果表明，我国与新加坡、印度尼西亚在经贸合作上还有很大的合作空间。从贸易距离来看，新加坡和印度尼西亚是东盟十国中距离我国最远的两个国家，因此我国可以通过基建提升物流水平，完善贸易物流体系，进一步推动双边贸易量提升，在经贸关系上实现合作共赢、互惠互利。

Research on China – ASEAN Trade and Economic Growth Based on VAR Model

Huo Lin   Huang Junjie

Abstract   This paper establishes an auto regressive vector model（VAR）of ASEAN's import and export to China and ASEAN's GDP to build three – dimensional vector and then empirically analyzes the relationship between the east alliance's trade and economic growth. The granger causality test results show that ASEAN's export to China and import to China are two – way causality. It can also be concluded through variance decomposition that, as far as the whole ASEAN's economy is concerned, although ASEAN's exports to China will have an unstable impact on the economy in the short term. However, in the long run, ASEAN's import trade and export trade to China will fuel its economic growth. At the same time, although the import and export trade between China and ASEAN has shown an increasing trend in recent years, from the perspective of ten ASEAN countries, the efficiency of ASEAN's import and export trade to China is not exactly the same and there are great differences. For Cambodia, the Philippines, and Vietnam, their import to China is more conducive to the rapid development of domestic economy, but for Brunei, Laos, Malaysia and Myanmar, their export to China is in favor of the development of the economy. For the three traditional trading partners, namely Thailand, Singapore, and Indonesia, their international trade with China has different effects on the domestic economy compared with the other seven countries.

Key Words   Foreign Trade；Economic Growth；ASEAN's National Differences；Granger Causality

Authors   Huo Lin, International College of Guangxi University, Professor and Ph. D. Supervisor；Huang Junjie, International College of Guangxi University, Graduate Student.

中国商业银行服务工程承包企业开拓东盟市场研究

王　娟　张鹏昊

【摘要】随着我国工程承包企业在东盟市场中规模不断扩大，单个项目的价值量不断增加，自有资金无法满足项目的需求，使得企业急需商业银行提供服务。企业对银行所提供的融资、资金管控、风险管控与担保以及服务质量存在新的要求，而目前即使我国银行在海外发展较快，能够在融资、资金管理等方面提供一体化金融服务，但是国际化进程结构单一且东盟网点布局少、贷款业务单调且数量少、金融产品种类不齐全且创新力度低，使得银行提供的服务无法满足实际需求，所以商业银行需加速国际化进程，扩大市场，获得规模经济效应和学习效应；深化与工程承包企业合作，实施"追随客户"策略，实现与企业共同开拓东盟市场，促进国际化进程；协同银行、相关行业、政府，在东盟市场逐步建立完善良性的生态系统，为银行业自身国际化和我国工程承包企业开拓东盟市场提供可持续的服务支持。

【关键词】中国商业银行；工程承包；东盟

【基金项目】2017年度国家社科基金一般项目"中国—东盟服务贸易壁垒研究"（17BGJ024）。

【作者简介】王娟，广西大学商学院，教授；张鹏昊，广西大学商学院，硕士研究生。

中国工程承包企业凭借技术、设备、资金、运营管理、资源整合以及劳务优势等综合因素，形成了技术与成本组合优势，具备了承担大型项目和综合性项目的能力。在东盟市场上不仅完成了我国政府和企业对东盟国家援助和投资项目的承包工程，还承揽了世行、亚行等国际组织和第三国向东盟落后国家提供的援助项目以及企业的投资项目，树立了优质、高效、低成本的良好声誉，形成了中国建设品牌，逐步成为东盟工程承包市场上的主要竞争者。2019 年 1~11 月，中国对外工程承包行业完成营业额 1349.7 亿美元，同比下降 2.2%；新签合同额 2085.2 亿美元，同比增长 12.5%。2019 年 1~11 月，中国对外工程承包企业在"一带一路"沿线国家完成营业额 746.1 亿美元，同比增长 1.3%，占总完成营业额的 55.27%；新签合同额 1276.7 亿美元，同比增长 41.2%，占总新签合同额的 61.23%。东盟市场是我国"一带一路"的主要市场，2019 年在东盟市场业务领域分布中，新签合同额排名前三位的分别是交通运输建设、一般建筑、电力工程建设。①

随着东盟经济的稳定增长，基础设施项目如公路、桥梁、铁路、港口、机场、大型水利以及社会公共服务设施、房地产等建设和投资需求会迎来新的扩张，为我国工程承包企业海外拓展提供了一个巨大的富有弹性的市场。

然而，随着我国工程承包企业在东盟市场中规模不断扩大，单个项目的价值量不断增加，自有资金无法满足项目的需求，使得企业急需商业银行提供服务。企业对银行所提供的融资、管控资金、风险管控与担保以及服务质量存在新的要求，而目前即使我国银行在海外发展较快，能够在融资、资金管理等方面提供一体化金融服务，②但是国际化进程结构单一且东盟网点布局少、贷款业务单调且数量少、金融产品种类不齐全且创新力度低，使得银行提供的服务无法满足实际需求，所以银行一方面需加速国际化进程，扩大市场，获得规模经济效应和学习效应；另一方面需深化与企业合作，实施"追随客户"策略，与企业实现共同发展。

---

①② 《中国对外承包工程统计》，中国商务部网站，2019 年 12 月 1 日，http：//data. mofcom. gov. cn/tzhz/forengineerstac. shtml，登录时间：2019 年 12 月 12 日。

一、文献综述

学者对于商业银行服务企业海外拓展这一领域的研究时间较短，近年来才开始对这一领域有所关注，因此相关文献并不多，已有文献主要集中在对我国企业、银行、东盟市场存在的需求，商业银行目前提供的产品和服务以及存在的问题等领域的研究。

一方面，大多数学者的研究主要集中在对我国企业、东盟市场、银行存在的需求领域。目前，我国多数学者认为，我国企业、银行、东盟市场均存在各自的需求，从而使得三方合作成为了可能。李桂芳、于泓珺[①]（2016）对中国银行支持双汇收购史密斯菲尔德的研究中，认为中国企业存在海外融资需求、资金统一管理需求、高层次金融服务需求三大需求。张明生[②]（2014）通过对中国工程承包企业拓展海合会市场进行分析，认为我国企业存在获得融资、完善资金管理、了解海外市场的需求。白薇、周新发、冯敏[③]（2012）通过对我国商业银行国际化进展进行分析，认为我国商业银行存在增加海外机构数量、提高离岸金融业务的需求。张建坤、刘志刚[④]（2009）通过对东盟工程承包市场环境进行分析，认为建筑业是东盟国家的支柱产业，马来西亚、新加坡、菲律宾、泰国的工程承包市场需求增加，拉动整个东盟市场的需求。

另一方面，学者对商业银行目前提供的产品和服务以及存在的问题进行研究。目前，我国多数学者认为，我国商业银行总体上为企业提供了比较完善的产品和服务，但依旧存在许多问题。曹文娟[⑤]（2018）通过对"一带一路"下商业银行发展现状进行分析，认为我国商业银行目前在"一

---

① 李桂芳、于泓珺：《商业银行国际化与助力企业"走出去"研究——以中国银行支持双汇国际收购史密斯菲尔德为例》，《经济体制改革》2016年第4期，第157－160页。
② 张明生：《浅析对外工程承包企业"走出去"面临的问题及商业银行支持对策——以海合会市场为例》，《中国农业银行武汉培训学院学报》2014年第3期，第62－65页。
③ 白薇、周新发、冯敏：《提升我国银行在企业对外投资中金融服务的对策研究》，《经济视角》（下）2012年第5期，第85－88页。
④ 张建坤、刘志刚：《中国承包商拓展东南亚市场的分析》，《东南亚纵横》2009年第6期，第37－40页。
⑤ 曹文娟：《"一带一路"背景下我国商业银行国际化发展问题分析》，《经贸实践》2018年第16期，第163－164页。

带一路"沿线国家不断增加分支机构数量、不断加大发放贷款数额、提升业务多元化程度。潘春艳①（2018）认为，我国银行业提供的金融服务已从传统的国际结算、贸易融资等扩展到全球现金管理、跨境投融资等业务。李思多、兰天媛、李万超②（2019）对于日本支持本国企业海外拓展的研究中，通过研究日本金融机构对日本企业的支持政策，得出日本金融机构提供了项目融资、协助日本企业在境外获得重要资源、建立亏损准备金制度的结论。袁嘉禾③（2019）认为，我国商业银行在金融管理方面缺乏系统性、融合性、时效性。牛晨④（2017）认为商业银行目前存在的问题为：提供的产品相对单一，银行缺乏复合型人才，以及银行内部业务流程无法满足企业需求。

对以上各个学者的文献进行分析可得，我国商业银行服务企业拓展海外市场的数量较少，国际化进程处于较低水平，使得我国商业银行服务工程承包企业拓展东盟这一具体且潜力较大的市场的数量更少，我国工程承包企业的融资途径也依旧是传统的贷款等业务，银行提供的精准性和专业化服务短缺，东盟市场一直以来又是我国企业海外拓展的传统市场，因此进入东盟市场是我国商业银行与工程承包企业的必然选择。针对上述问题，我国商业银行如何加强与我国工程承包企业之间的关联，如何在现有学者的研究基础之上形成我国工程承包企业与我国商业银行在东盟市场上的交叉发展，银行如何在与企业的互动中增强自身的国际竞争力，就具有值得研究的意义。

二、中国工程承包企业在东盟市场的金融需求分析

（一）东盟工程承包需求为企业创造了金融需求

东盟各国基础设施方面的投资需求和建设呈现波动式增长状态，市场

---

① 潘春艳：《商业银行支持企业"走出去"举措的思考》，《现代金融》2018 年第 3 期，第 32 – 34 页。

② 李思多、兰天媛、李万超：《日本支持企业"走出去"的经验及启示》，《吉林金融研究》2019 年第 2 期，第 27 – 30 页。

③ 袁嘉禾：《商业银行金融管理存在的问题与借鉴对策》，《中国商论》2019 年第 3 期，第 66 – 67 页。

④ 牛晨：《试论银行国际业务服务企业"走出去"的路径》，《全国流通经济》2017 年第 35 期，第 57 – 58 页。

需求强劲且具有持续性。BMI 关键项目数据库显示，截至 2018 年 10 月，马来西亚有 174 项基础设施项目在建或规划，需求 1550 亿美元；印度尼西亚有 458 项基础设施项目在建或规划，需求 3400 亿美元；湄公河三国（越南、老挝、柬埔寨）有 609 项基础设施项目在建或规划，需求 3970 亿美元；泰国有 127 项基础设施项目在建或规划，需求 509 亿美元；缅甸有 56 项基础设施项目在建或规划，需求 189 亿美元（见图 1）。

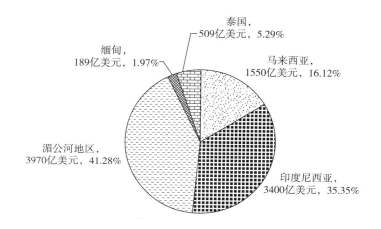

图 1　东盟基础设施需求情况

资料来源：惠誉解决方案关键项目数据。

表 1　东盟各国主要基础设施现状

国家	公路 （公里）	铁路 （公里）	机场 （个）	港口 （个）	移动电话 （部/百人）	电产量 （亿度）
文莱	3404.8	0	1	5	118	4.27
柬埔寨	56261	655	5	8	113.04	81.5
印度尼西亚	340000	6458	625	670	101.56	2072.58
老挝	43604	3.5	12	20	46.22	149.39
马来西亚	204000	2267	118	19	132.10	1560.0
缅甸	41600	6112	70	3	102.61	160
菲律宾	216000	1200	288	414	—	677
新加坡	3496	228.4*	8	1	150.08	522.25

续表

国家	公路（公里）	铁路（公里）	机场（个）	港口（个）	移动电话（部/百人）	电产量（亿度）
泰国	51537	4451	74	122	—	1878.3
越南	45817	3160	90	49	127.75	1925

注：＊为新加坡地铁长度，因为新加坡的铁路交通以地铁为主。

资料来源：根据中国《对外投资合作国别（地区）指南》（文莱、柬埔寨、印度尼西亚、老挝、马来西亚、缅甸、菲律宾、新加坡、泰国、越南）整理所得。

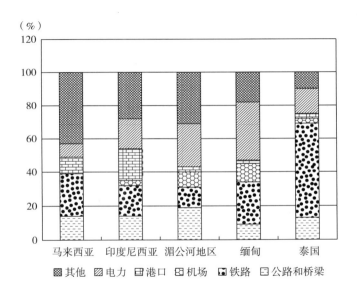

图2　东盟部分国家基础设施行业需求分布现状

资料来源：惠誉解决方案关键项目数据库。

1. 东盟地区工业化水平差异较大，对基础设施的衍生需求多元

除新加坡处于后工业化时期外，东南亚国家普遍处于工业化初期、中期或后期三种经济发展阶段。处于工业化初期的越南、老挝、柬埔寨和缅甸，对基础设施、交通运输、基础公共设施和通信设施有着巨大而急迫的需求，此类型国家多数基础设施供给严重短缺，如柬埔寨无高速公路，老挝碎石路、土路占据公路总量的89.26%，各国城市基础设施的综合水平有待提高；而处于工业化中期的印度尼西亚、菲律宾对交通设施（道路、机场、港口）和通信系统建设呈现升级需求；工业化后期的马来西亚、泰国对基础设施升级和智能化服务等综合基础设施水平具有潜在需求，如泰国的公路、铁路、港口和互联网等，马来西亚的交通、电力和房地产项目、工业园区、港口、铁路都存在不同程度的需求和发展空间。[①]

2. 东盟各国经济发展水平差异，对基础设施的需求结构多元

（1）马来西亚有 174 项总价值 1550 亿美元的设施在规划或建设，其中其他（主要是通信设施）占比最高（43%）；铁路其次（25%）。[②]

（2）印度尼西亚有 458 项总价值 3400 亿美元的设施在规划或建设，其中其他（主要是通信）占比最高（28%）；港口其次（19%）；电力、铁路第三（18%）；公路和桥梁第四（14%）。[③]

（3）湄公河国家（越南、柬埔寨、老挝）有 609 项总价值 3970 亿美元的设施在规划或建设，其中其他（主要是通信设施）占比最高（31%）；其次是电力（26%）。[④]

（4）缅甸有 56 项总价值 189 亿美元的设施在规划或建设，其中电力占比最高（35%）；铁路其次（25%）。[⑤]

（5）泰国有 127 项总价值 509 亿美元的基础设施在规划或建设，其中铁路占比最高（56%）。作为中等发展中国家，与其他东南亚国家相比，基础设施和建筑业增长前景相对较差，但泰国作为东盟的交通运输（高速公路、铁路）中心、电力传输规划中心，在东盟地区互联互通方面尤其是

---

① 中国商务部国际贸易经济合作研究院：《对外投资合作国别（地区）指南（2018 年版）（柬埔寨、缅甸、老挝、印度尼西亚、菲律宾、马来西亚、泰国）》，http：//fec. mof-com. gov. cn/article/gbdqzn/#，登录时间：2019 年 12 月 12 日。

② 中国对外承包工程商会：《"一带一路"国家档案之马来西亚》，《国际工程观察》2018 年第 15 期，http：//www. chinca. org/CICA/info/18102517151011，登录时间：2019 年 12 月 5 日。

③ 中国对外承包工程商会：《"一带一路"国家档案之印度尼西亚》，《国际工程观察》2018 年第 14 期，http：//www. chinca. org/CICA/info/18102415324111，登录时间：2019 年 12 月 5 日。

④ 中国对外承包工程商会：《"一带一路"国家档案之湄公河流域（越南、柬埔寨、老挝）》，《国际工程观察》2018 年第 17 期，http：//www. chinca. org/CICA/reserrch/List，登录时间：2019 年 12 月 5 日。

⑤ 中国对外承包工程商会：《"一带一路"国家档案之缅甸》，《国际工程观察》2018 年第 18 期，http：//www. chinca. org/SJTCOC/info/18110816215611，登录时间：2019 年 12 月 5 日。

交通和电力运输方面的需求潜力较大。[①]

因此东盟基础设施行业欠缺或陈旧，市场空间较大，需求结构多元，为我国工程承包企业提供了一个较大的且富有弹性的可持续的需求市场，而这种投资周期长、回款时间久、风险较高的建设项目又创造了较大的金融需求；同时由于各国财政能力有限，对中国、日本和新加坡等国家融资依赖度很高，为中国商业银行提供了服务市场。

（二）中国工程承包企业在东盟的金融需求多样化

我国企业在东盟市场从单一的施工与劳务分包转变为 EPC 总承包，对外承包工程项目大型化，合同国际化标准对融资的需求扩大，需求结构多元。

1. 融资需求

国际工程承包总额大，周期长，跨国操作的资金、物资、人员等的调动成本高，企业自有资金难以为继，融资便成为企业的需求。[②] 各国政府融资和政策性金融机构融资等传统融资方式存在提供资金少、审核程序复杂、同质竞争激烈等问题，迫使企业转向更灵活的融资机构。商业银行除了国际结算、出口信贷等业务，还能提供项目融资、银团贷款、对外承包工程保函风险专项基金，同时具有贷款速度快、费用少、优惠多等特点。另外我国商业银行需要加快国际化进程，扩大市场，具有向企业拓展市场经验的学习型动机，因此双方能在东盟市场互相合作，商业银行在为企业提供融资服务的同时也能够开拓东盟市场，实现双方共同发展。

2. 管控资金需求

（1）投标前的融资预算需求。企业在承揽项目融资前，要对融资金额进行合理预算。融资过少会导致企业竞标失败、无力承担项目建设；盲目融资会增加企业成本、提高资金管理风险。企业需要银行帮助其进行融资前的审议工作，制定融资方案，提高效率。

---

① 中国对外承包工程商会：《"一带一路"国家档案之泰国》，《国际工程观察》2018 年第 16 期，http：//www.chinca.org/CICA/reserrch/List，登录时间：2019 年 12 月 5 日。

② 《中国对外承包工程统计》，中国商务部网站，2019 年 12 月 1 日，http：//data.mofcom.gov.cn/tzhz/forengineerstac.shtml，登录时间：2019 年 12 月 12 日。

（2）实施项目时资金的管理监控需求。大量资金运用到整个工程承包中，各环节的资金配置都需要专业人员进行管理监督。专业人员拥有过硬的专业知识、丰富的实践经验，能够分配管理资金。然而企业中缺乏此类人员，所以企业就需要银行提供人员对资金进行管控，提高资金利用率。

（3）项目后期的汇兑服务等支持。东盟个别国家与我国存在政治争端，企业需要评估东盟各国与我国企业的合作态度，所以需要银行评估东盟国家对我国企业项目后期资金还款的门槛，避免由于针对我国而故意拖延汇款，令我国企业资金使用周期延长，周转率降低，导致资金链断裂。

3. 风险管控与担保需求

（1）汇率风险。东盟货币种类不同且中国与东盟主要结算货币为美元，因此东盟各货币与美元的汇率变动就成为企业面临的成本上升风险。[1]

2011～2019 年东盟对美元的汇率存在不同程度的波动，文莱为 1.3～1.4、柬埔寨为 4027.3～4067.8、印度尼西亚为 8770.4～14236.9、老挝为 7860.1～8405.6、马来西亚为 3.1～4.3、缅甸为 5.4～1429.8、菲律宾为 42.2～52.7、新加坡为 1.3～1.4、泰国为 30.5～35.3、越南为 20509.8～22602.1。东盟大多数国家币值不稳，对美元的汇率存在不同程度的波动，易引发汇率风险，我国企业在合作的过程中要关注汇率波动，采取措施避免损失。[2]

（2）低外汇储备造成风险。东盟的外汇储备不充足，2019 年东盟的外汇储备为：文莱 27.18 亿美元、柬埔寨 159.21 亿美元、印度尼西亚 1203.4 亿美元、老挝 8.3 亿美元、马来西亚 991.0 亿美元、缅甸 53.47 亿美元、[3] 菲律宾 764.77 亿美元、新加坡 2735.38 亿美元、泰国 2115.91 亿美元、越南 688.12 亿美元。我国 2019 年的外汇储备为 30955.9 亿美元，远远超过东盟的外汇储备。东盟缺乏外汇储备，因此对于外汇市场的干预程度小、对外融资能力差，从而存在经济风险。[4]

（3）探询东盟市场不足的风险。东盟在政治、经济、文化、法律方面与我国存在很大差异，我国企业总以国内模式来推测东盟模式，忽略东盟

---

[1] 《中国对外承包工程统计》，中国商务部网站，2019 年 12 月 1 日，http：//data. mof-com. gov. cn/tzhz/forengineerstac. shtml，登录时间：2019 年 12 月 12 日。

[2] 由 UNCTADSTAT 整理得出。

[3] 缅甸外汇储备数据年份为 2018 年。

[4] 由 Global Economic Data，Indicators，Charts 和 Forecasts 整理得出。

的具体规定和风俗习惯。若我国企业不了解相关规定措施，贸然进入势必会存在巨大风险。此外企业还需对项目的可行性、前景、成本、预期收益进行分析，因此企业需要银行作为金融咨询顾问，实地考察，根据企业的实际情况制订出承包方案。

因此，东盟基础设施行业欠缺且陈旧，各国均对基础设施有不同程度的需求，东盟市场潜力巨大；中国工程承包企业对金融服务的需求总量巨大，当企业承担的项目规模不断扩大、单个项目的价值量不断增大时，对融资的需求更为强烈；企业对金融服务的需求结构更加多样化，存在融资、管控资金、风险管控与担保以及服务质量方面的需求；东盟市场不但给企业提供了巨大市场，同时也给银行提供了巨大市场，银行需要加速国际化进程，扩大市场，深化与企业合作，实施"追随客户"策略，从而与企业实现共同发展。

三、中国商业银行对企业提供的服务分析

（一）中国商业银行在不同工程阶段为企业在东盟提供服务

1. 工程投标阶段：提供市场调查、增加信用、优化资金链服务

表 2 是我国商业银行在工程承包企业投标阶段提供的产品和服务。银行能够为企业提供比较完善的金融产品和服务来帮助企业对东盟市场环境进行调查、增加企业自身信用以及对资金链进行优化管理，帮助解决如下

表 2　我国商业银行在工程承包企业投标阶段提供的产品和服务

银行	提供的金融产品和服务
中国银行	资信调查、资信证明、财务顾问、贷款承诺函、对外承包工程保函风险专项基金、投标保函、履约保函
中国建设银行	对外担保、工程造价咨询、对公客户对外担保咨询、高额工程保函等
中国工商银行	担保业务、资信业务、直接投资顾问
中国农业银行	信息咨询顾问业务、投融资财务顾问、资信业务

资料来源：根据四大国有商业银行官网整理所得。

问题：①探询东盟市场复杂的外部环境因素从而了解相关法律法规，避免外部环境的恶化而造成损失；②增强企业信用从而获得项目业主信任以提高中标率；③合理管理资金链从而缩小周期以提高使用率。

2. 工程实施阶段：提供充足的融资产品

表3是我国商业银行在工程承包企业融资阶段提供的产品和服务。银行为企业海外融资提供了比较充足的金融产品，企业可以根据东盟的具体情况选择合适的融资产品帮助企业在工程实施阶段解决最重要的融资问题。

表3　我国商业银行在工程承包企业融资阶段提供的产品和服务

银行	提供的金融产品和服务
中国银行	银团贷款、项目融资、融货达、融易达、融信达、通易达、订单融资海外账户服务
中国建设银行	出口信贷、对外借款担保、境外筹资转贷款债务重组、融货通
中国工商银行	流动资金贷款、项目贷款、固定资产支持融资、专项融资产品、银团贷款
中国农业银行	减免保证金开证、贸易项下风险参与、固定资产贷款、流动资金贷款、循环额度授信、委托联合贷款

资料来源：根据四大国有商业银行官网整理所得。

3. 工程结束阶段：提供收款收汇、管理账款、售后担保服务

表4是我国商业银行在工程结束阶段提供的产品和服务。银行在工程结束阶段对企业提供收款收汇、管理账款、售后担保服务，降低企业海外经济合作的风险，帮助企业解决如下问题：①部分东盟国家政治经济不稳定，无法及时对我国企业进行付款的收款收汇问题；②收到账款后，如何没有损失地把款项从东盟向国内转移，如何对企业的资金链进行补充完善的管理账款问题；③我国企业还未建立完善的信誉制度，东盟担心我国企业不会确保项目的售后维修的项目质量维修的担保问题。

表4　我国商业银行在工程结束阶段提供的产品和服务

银行	提供的金融产品和服务
中国银行	汇入汇款、出口商业发票贴现、出口双保理、进口双保理、外汇资金类产品、财产保险、预留金保函、质量/维修保函

续表

银行	提供的金融产品和服务
中国建设银行	进口信用证、出口国际保理、海外代付业务、开立信用证、跨境人民币结算业务、福费廷
中国工商银行	单位结算账户、现金集中收付款、现金跨境资金池、现金定向收支、现金账户支付额度控制、跨境人民币业务、代理收付款业务、工银e商贸
中国农业银行	进口代收、进口信用证、汇入汇款、跨境人民币结算业务、集中代理收款、远期结售汇、远期外汇交易、货币互换、利率互换、跨境人民币资金集中运营、外汇资金集中运营

资料来源：根据四大国有商业银行官网整理所得。

（二）中国商业银行向东盟市场提供以人民币汇兑结算为主的特有服务

表5是我国商业银行对东盟市场推出的特有业务。为了更好地助力企业在东盟市场进行工程承包，银行为东盟市场提供了以人民币汇兑结算为主的特有服务，不但帮助企业解决在东盟清算结算的不便利性，降低汇率、通货膨胀等因素对企业的影响，而且能够极大推进人民币国际化进程。

表5　我国商业银行对东盟市场推出的特有业务

银行	对东盟市场推出的特有业务
中国银行	（1）履行人民币业务清算行职能，推进人民币对东盟国家货币的汇率挂牌与汇兑服务 （2）利用沿边金改政策，发展东盟小币种现钞跨境调运业务 （3）打通中越、中泰两国货币的融通渠道，形成越南盾和泰铢现钞"门对门"调运模式 （4）打通越南人民币的回流通道，构建人民币"走得出、留得住、回得来"的闭环渠道

续表

银行	对东盟市场推出的特有业务
中国建设银行	（1）在广西设立中国—东盟跨境人民币业务中心 （2）代理第三方支付机构跨境人民币结算 （3）跨境人民币"内保外贷" （4）跨境人民币外债资金结算 （5）集团客户跨境人民币贷款业务
中国工商银行	（1）在广西成立跨境人民币业务中心 （2）研发具有自主知识产权的跨境人民币结算、清算 CHANCES 系统 （3）提供人民币与东盟国家货币兑换交易平台 （4）筹建广西丝路基金
中国农业银行	（1）在广西成立中国—东盟人民币业务中心 （2）在广西成立中国（东兴）东盟货币业务中心 （3）发布"农银人民币兑东盟货币汇率指数""农银越南盾指数" （4）采取"跨境直贷＋内保外贷"的创新模式

资料来源：根据四大国有商业银行官网整理所得。

四、中国商业银行服务东盟工程承包企业存在的问题

（一）国际化进程方式单一且东盟网点布局少

（1）单一落后的国际化方式使得我国银行国际化进程缓慢且质量低下。银行推进国际化进程的主要方式是建立海外分支机构，这种方式不但成本高，而且新建分支机构难以立即适应东道国的政治经济环境，同时分支机构还要重新开始一切业务。《2019 全球银行国际化报告》以"银行国际化指数（BII）"表现的全球银行国际化排名中，排名前三的分别是英国渣打银行（BII＝67.9）、西班牙国际银行（BII＝55.3）、瑞士瑞信银行（BII＝52.9），我国国际化进程最快的中国银行仅排名第二十（BII＝27.1），我国银行与发达国家银行相比，国际化程度仍显不足。①

——————

① 浙江大学互联网金融研究院：《2019 全球银行国际化报告》，2019 年 10 月 25 日，http：//www.cifi.zju.edu.cn/News/Details? newsId＝377，登录时间：2019 年 12 月 12 日。

（2）我国银行在东盟的网点布局少。截至 2018 年，我国四大国有商业银行在东盟共设 98 家①分支机构，同年四大国有银行之一的中国银行在中国内地分支机构为 11741 家，② 远远超过四大国有银行在东盟分支机构的总和。中国银行、中国工商银行、中国建设银行、中国农业银行在东盟的分支机构分别为 24 家、67 家、4 家、3 家。③同时我国银行在泰国、印度尼西亚、新加坡设立的分支机构最多，分别为 26 家、25 家、21 家，④在东盟经济实力较弱的老挝、柬埔寨等的分支机构较少。

（二）贷款业务结构单调且数量少

（1）我国银行贷款业务结构单调。2019 年以 BII 表现的全球银行国际化排名中渣打银行以 BII = 67.9 居全球国际化银行第一位，提供多样化的融资方式。第一，融资交叉组合的产品。渣打银行推出 "Businessone" 产品，此产品集综合按揭、现金管理、信贷服务于一体。另外，渣打银行还推出 "精明企业升级组合"，将无抵押分期贷款与存款账户相关联，在存款账户总余额符合一定要求下，银行回赠利息。第二，简化抵押担保要求。渣打银行为让企业便利融资，推出 "拓展易" 为企业提供无抵押分期贷款的产品。这类产品不但贷款金额多，而且审批速度快，符合企业的融资需求。第三，新颖型贷款规则。对企业进行 "冷静期" 贷款，贷款通过后，企业有 3 天时间的 "冷静期"，考虑是否真的需要这笔贷款，从而避免企业盲目贷款。与渣打银行提供的融资产品相比，我国银行提供的融资产品显得单调，我国银行提供融资的方式主要有银团贷款、项目融资、订单融资，此类方式已无法满足企业日益增长的融资需求。

（2）我国银行贷款业务数量少。我国主要商业银行 2018 年海外贷款总额为 5077.456 亿元。⑤ 2018 年我国工程承包企业新签合同额为 2418 亿美元，⑥ 远远超过同年我国四大商业银行全部海外贷款总额。由此可见，

---

①③④　根据四大商业银行官网数据整理所得。

②　中国银行：《2018 年中国银行企业年报》，2019 年 4 月 30 日，https：//www. boc. cn/investor/ir5/201903/t20190329_ 15037124. html，登录时间：2019 年 12 月 5 日。

⑤　由四大商业银行 2018 年企业年报整理所得。

⑥　《中国对外承包工程统计》，中国商务部网站，2019 年 12 月 1 日，http：//data. mofcom. gov. cn/tzhz/forengineerstac. shtml，登录时间：2019 年 12 月 12 日。

我国四大商业银行海外贷款数额与企业实际需求的数额相差甚远。

（三）金融产品种类欠缺且创新力度低

（1）管控资金方面，我国银行提供的产品少，有外汇资金类产品、融信达、融易达、海外账户服务，而渣打银行提供了专属跨境业务客户经理、当日入账电汇服务、企业网上银行，相对我国银行更加全面，能够更加科学地管控资金。

（2）风险管控和担保方面，我国银行提供了对外承包工程保函风险专项基金、外汇资金类产品、财产保险等产品，种类较少；渣打银行除了提供我国银行所提供的产品外，还提供矩阵式的风险管理机构、风险管理定性定量相结合、"一对一"专属客户经理服务等多样化产品，并且将控制风险作为一种企业责任文化在企业中传播，具有良好的企业氛围。

（3）咨询服务方面，我国银行只提供了直接投资顾问、信息咨询顾问、投融资财务顾问等基础性服务；渣打银行深耕海外多年，对当地市场非常了解，为企业提供的咨询服务包括：①根据东道国的实际情况提供全方位创新解决方案，通过渣打银行的国际化网络提供东道国的实际情况。②信息咨询顾问业务。③融资咨询服务。④独立财务顾问服务。

（4）不同企业在进驻东盟市场进行工程承包过程中存在各具特色的需求，渣打银行能够根据不同企业创新提供适合的产品，例如专属跨境业务客户经理、矩阵式的风险管理机构、风险管理定性定量相结合，另外还会为企业提供相应的专业人员跟随企业进行实际指导，而我国银行仅仅提供最传统最基础的产品，并没有创新性产品，我国银行提供的产品种类少且质量低。

因此，我国商业银行目前还需要提供更多的金融产品，例如推出专属跨境业务客户经理、当日入账电汇服务、类似于渣打银行矩阵式的风险管理机构以及提供针对不同企业的特色产品，从而实现我国商业银行金融产品多元化，在服务工程承包企业的同时也促进自身国际化进程。

五、中国商业银行拓展东盟市场的建议

工程承包市场是一个综合复杂的市场，市场中的生态因素数量庞大且不同生态因素联动性强，因此银行需要在东盟市场建立完善的银行生态系统，协同银行、行业、政府之间的关系，打造不断成熟开放、内外生态相结合的生态系统，为我国工程承包企业以及银行自身国际化进程提供可持续的生态支持。

（一）完善商业银行的东盟网络布局

我国银行在东盟的主要分支机构设立在泰国、印度尼西亚、新加坡、马来西亚，然而越南、老挝的发展势头强盛，对基础设施需求巨大，我国银行应该增加越南、老挝这类对工程承包业务需求增量较大国家的分支机构数量，以满足东道国对基础设施建设的需求。

（二）探索商业银行多元化融资方式

（1）寻求服务合作模式。目前我国银行提供的融资方式单一，银行不能仅靠自有资金，还要依靠东盟基金、澜沧江基金、"一带一路"基金、中东欧基金等资源为我国企业提供多元化融资方案。[①]

（2）商业银行注重发挥各自的比较优势。我国银行可以根据自身银行所具有的特点，以中国民生银行专门做船舶贷款为模板，提供各有特色的融资服务，再通过对东盟的情况进行研究，针对东盟具体国家提供不同行业的金融支持，通过这种方式扩大银行间的差异化、减少同质竞争，以获得垄断性，提高利润，并与东盟市场良好匹配。

（三）健全商业银行的产品结构

（1）加强国别和市场分析研究。东盟市场的复杂性决定了在进行经济合作前必须要对其进行分析研究。我国银行可以开展东盟投资环境分析、东盟风险识别管控建议、政策法规咨询服务、合作伙伴推荐、专业客户经理方面的探索，为企业在东盟不同国家的不同领域提供匹配的金融服务。

---

① 《中国对外承包工程统计》，中国商务部网站，2019 年 12 月 1 日，http：//data. mofcom. gov. cn/tzhz/forengineerstac. shtml，登录时间：2019 年 12 月 12 日。

（2）建立"融资＋融智＋融资源"模式。单一的融资方式已经无法满足我国企业的发展需求，银行在服务企业的同时也要提高自身对资本市场的认识度，帮助企业推荐 CEO，也要充分利用东盟大量的资源优势，建立"融资＋融智＋融资源"的新型结构模式，同时运用以大数据、云计算、人工智能技术服务金融业务的金融科技，确立专业、全面、一体化的金融服务体系。

（3）创建"内外贸、本外币、离在岸融资"一体化方案。我国银行可以将国内东盟两大市场联合，融合国内国际贸易、本币外币、离岸在岸，以国内稳定的市场为后盾，带动东盟复杂的市场，打造金融综合解决一体化方案。

（4）开发多元化的金融产品及服务。依托专业化产品、综合化平台和全球性区域性网络，提供包括商业银行、投资银行、保险、股权投资、基金、航空租赁、金融租赁等在内的金融产品和服务，参与该地区的工程承包项目。

（5）研究工程承包项目的经营方式，规避汇率和支付风险。东盟部分政府资金短缺，财政资金主要用于项目配套，而承包项目资金主要由国际援助、世界银行、亚洲开发银行贷款及外商投资，项目经营方式有带资承包、BOT、PPP、出口买方信贷、投建营一体化、资源置换资产等，要注意研究各种项目类型、资金渠道，适当选择客户，提供匹配金融产品，规避风险。

（6）将金融业务与互联网相结合。银行探索利用互联网、大数据和云计算等技术手段，为境外投资企业打造数字化金融平台，简化贷款手续，提高银行的服务效率。

（四）改良商业银行的发展规划

（1）增加对中小企业的支持。由于中小企业的实力弱、资信低、还款能力不强，银行一般不会为中小企业贷款。我国银行应加大对中小企业的支持力度，借鉴渣打银行开发适合中小企业的新产品的经验，使中小企业也能对外进行经济合作。

（2）订立长期发展目标。中国商业银行在服务工程承包企业的同时也需要进入东盟以加速国际化进程。因此银行需订立长期的发展目标以产生学习效应，不能因为短期亏损就放弃开拓东盟市场的战略，应与企业共同成长，以发展为目标，防范风险为手段，组建信用结构，这样银行在发展的同时也防范风险，最终获利。

（五）增加商业银行与行业之间的联动性

（1）银行应与出口信用机构、国外发展援助机构、多边金融机构、中国进出口银行等行业进行联动，构筑多元结构的金融服务，使得银行为工程承包企业的服务更加充分高效。

（2）银行可以与保险公司联动，共同面对东盟多样的风险，由此达到分散风险的目的。

（3）和国外银行合作。通过与外资银行合作，借助外资银行母公司的全球商业网络、服务商品品种、本土化经验来弥补自有劣势，在共同为企业服务中实现双赢；同时学习国外银行了解消费者、满足消费者需求的管理经验，而这些经验也可传回国内总部，促进总部理念和实践的国际化。

（4）实现"新型"银企合作。银行与企业联动，打破传统金融助力角色定位的限制，入股工程承包企业，在服务工程承包企业项目实施的同时加速自身的国际化、多元化进程。

（六）增加商业银行与政府之间的联动性

面对东盟复杂的经济环境，银行应该积极与国内外政府、我国驻外大使馆、外国驻华使馆等建立良好的合作关系，及时向我国政府反映遇到的困难，建议我国监管机构优化管理、放松限制，提高服务水平；与当地政府适时洽谈，部分国家可通过当地政府对企业进行担保，共同分散风险，最终建立集银行、企业、政府于一体的"双赢文化"和"相互尊重的人文文化"合作生态圈。

Study on the Development of ASEAN Market by Chinese Commercial Bank Service Project Contracting Enterprises

Wang Juan   Zhang Penghao

Abstract   As the scale of China's engineering contracting enterprises in the Asean market continues to expand, the value of a single project continues to increase, their own funds can not meet the needs of the project, making enterprises in urgent need of commercial Banks to provide services. Companies to provide to the bank financing, capital control, risk control and guarantee and service quality in new requirements, and at present even if the bank overseas development faster, in financing, capital management, and other aspects to provide integrated financial services, but the internationalization of the single structure, and the association of southeast Asian network layout, loan business is monotonous and less quantity, less financial products is not complete and innovation strength is low, make the Banks to offer services can not be meet the actual demand, so need to speed up the internationalization of commercial Banks, to expand the market, gain economies of scale and learning effect; Deepen the cooperation with project contracting enterprises, implement the strategy of "following customers", and jointly explore the Asean market with enterprises to promote the internationalization process; Work with Banks, related industries and governments to gradually establish a sound ecosystem in the Asean market, and provide sustainable service support for the internationalization of the banking industry and the development of the Asean market by Chinese engineering contractors.

Key Words   Commercial Bank of China; Engineering Contracting; ASEAN

Authors   Wang Juan, Business School of Guangxi University, Ph. D. Supervisor and Professor; Zhang Penghao, Business School of Guangxi University, Graduate Student.

中国推进澜湄农业合作的动力基础、发展现状与未来路径研究

崔海宁

【摘要】 当前，粮农问题是国际社会高度关注的议题，已成为影响国家、地区乃至世界和平与发展的重要因素之一。农业已经成为中国优质外交资源，积极开展农业国际合作是我国分享发展成果、维护世界粮食安全和推进中国特色大国外交的必由之路。在此背景下，澜湄农业合作应运而生，蓬勃发展，成效显著。本文分析了中国推动澜湄农业合作的动力基础，梳理评估了合作现状，并就未来深化澜湄农业合作的目标及路径选择提出了若干思考，旨在为以农业对外合作为抓手推进周边外交和构建地区命运共同体提供一定的智力支撑。

【关键词】 澜湄农业合作；动力；基础；挑战；路径选择

【基金项目】 中国—东盟研究院"教育部长江学者和创新团队发展计划"资助一般项目"中国对东盟粮食外交研究"（CW201403）。

【作者简介】 崔海宁，外交学院亚洲研究所，副所长、副研究员。

一、引言

粮食安全始终是世界和平与发展的重要议题，事关人类的永续发展和前途命运。2007～2008 年世界粮食危机虽然已过去多年，但它们带来的反思却远远没有结束。这一历史事件的经验教训一直在告诫人们，落后的农业生产力和粮食不安全状况不仅会动摇国家安全和政权稳定的根基，还会

给地区乃至国际关系进程带来深刻的负面影响。2019 年 7 月 16 日，联合国粮农组织（Food and Agriculture Organization of United Nations，FAO）发布的《2019 年世界粮食安全与营养状况》报告明确指出，虽然全球食物不足发生率自 2015 年之后结束了稳步下降趋势，连续 3 年保持在略低于 11% 的水平上，然而当前 17.2% 的世界人口，即 13 亿人，仍然缺乏定期获得"营养充足的粮食"的机会。尤其是亚洲地区，正面临着粮食无法实现自给自足的严峻形势。2030 年实现零饥饿以及可持续发展目标面临巨大挑战。① 由此可见，即便是在世界进入了 21 世纪的今天，粮农问题的基础性和重要性依然突出，通过国际农业合作共同维护地区及世界粮食安全更为必要而迫切。

相比之下，中国却在减少饥饿与贫困以及增进粮食安全方面走出了独具特色的成功之路，不仅解决了中国国内十多亿人口的吃饭问题，同时也为全球粮食安全、贫困治理与农业可持续发展做出了巨大贡献。1996 年以来，中国与联合国粮农组织实施 20 多个多边南南合作项目，向非洲、亚洲、南太平洋、加勒比海等地区的近 30 个国家和地区派遣近 1100 人次粮农技术专家和技术员，约占联合国粮农组织南南合作项目派出总人数的 60%。② 截至 2017 年底，中国农业对外投资存量 173.3 亿美元，在境外设立企业 851 家，分布于六大洲的 100 个国家（地区）。③ 中国已与 60 多个国家和国际组织签署了 120 多份粮食和农业多双边合作协议、60 多份进出口粮食检疫议定书，与 140 多个国家和地区建立了农业科技交流和经济合作关系。④2013 年"一带一路"倡议提出以来，中国以更为积极的姿态推进与沿线各国的农业合作与交流，着力提升粮食安全合作水平。中国农业从未像今天这样与世界紧密联结、深度融合。通过不断扩大农业对外开放

---

① Food and Agriculture Organization of United Nations，"2019 the State of Food Security and Nutrition in the World"，Rome 2019，https：//s28649. p584. sites. pressdns. com/wp – content/uploads/2019/07/English __ The_ State_ of_ Food_ Security_ and_ Nutrition_ 2019_ – _ Full_ Report. pdf，p. 3，登录时间：2019 年 11 月 10 日。
② 陈杉：《习主席这样推动中国与世界的粮食合作》，东方网，2019 年 10 月 17 日，http：//news. eastday. com/eastday/13news/auto/news/china/20191017/u7ai8865602. html，登录时间：2019 年 10 月 17 日。
③④ 《〈中国的粮食安全〉白皮书（全文）》，中华人民共和国中央人民政府网站，2019 年 10 月 14 日，http：//www. gov. cn/zhengce/2019 – 10/14/content_ 5439410. htm，登录时间：2019 年 11 月 10 日。

与合作，中国利用两个市场、两种资源、两种规则的能力持续增强，农业国际话语权和全球影响力显著提升，中国大国责任与担当日益彰显。农业已经成为中国特色大国外交的优质资源，农业外交有效服务了农业农村经济大局和国家整体外交。①

从地理条件和政治需求上看，周边国家堪称中国农业"走出去"、开展农业国际合作的优先方向和首选伙伴。澜湄六国均为发展中国家，农业是该流域各国国民经济发展的重要基础和根本保障。六国均在不同程度上面临着饥饿和贫困的问题，在推动农业可持续发展、保障粮食安全上拥有共同的强烈合作需求。不仅如此，中国还在技术、资金、种子、农机等领域与湄公河五国形成了较强的合作互补性。正是从上述意义上讲，与我国山水相连、利益交融的湄公河五国应当成为中国推进农业对外开放和周边外交战略的重中之重。于2016年开启的澜湄合作恰恰为中国与湄公河五国推进农业合作提供了重大的历史契机和优质平台。自从被澜湄首次领导人会议确定为五大优先方向之一以来，澜湄农业合作在机制建设与务实合作方面进展迅速、成果显著，逐渐发展成为"一带一路"建设中农业合作的最大亮点。农业惠民生、接地气。在当前贸易保护主义抬头、逆全球化暗流涌动的新的国际形势下，加强对澜湄农业合作的顶层设计、战略规划与务实推进，不仅有助于进一步构建我国农业对外合作新格局和维护地区粮食安全，而且也将对实现我国打造澜湄流域经济发展带、建设澜湄命运共同体的周边外交战略目标产生重大的推动作用。因此，增强对澜湄农业合作的跟踪与研究，具有非常重要的政策及现实意义。

综观国内学界，专门针对澜湄农业合作的研究成果少之又少，几乎为空白。当然，这种情形与澜湄农业合作刚刚走过3年的短暂历程有着密不可分的关系，但也在一定程度上反映了学界尚未对此给予足够重视。广义上讲，澜湄农业合作属于粮食安全及农业合作问题，具有交叉学科性质。目前国内学者们在该领域研究成果总体上仍略显薄弱并呈现出四方面特点：一是研究对象比较分散，主要分布在中国粮食安全及战略设计、非粮食及农业援助、亚洲农业合作等具体专业及技术层面；二是研究方法多侧

---

① 白锋哲、吕珂昕：《开放合作引领农业走向世界——党的十八大以来农业国际合作成就综述》，中国农业农村部网站，2017 年 9 月 25 日，http://www.moa.gov.cn/ztzl/xysjd/201709/t20170925_5823466.htm，登录时间：2019 年 11 月 10 日。

重历史、国际经济学和农业经济学，地区治理和国际关系视角的分析相对欠缺；三是理论研究弱于史学研究，在一定程度上存在理论与现实脱节问题；四是 2007～2008 年粮食危机爆发之后，国内学者开始将粮食危机纳入研究视野并初步探讨了中国应对策略，但鲜有从地区合作、周边外交视角进行系统研究的成果。值得指出的是，近两年国内学界逐渐开始关注对"一带一路"倡议背景下的中国农业外交的研究，先后从"一带一路"倡议给中国大米外交、农业外交带来的机遇与挑战、新时期中国农业外交的内涵特征、机制创新与实施战略等方面进行了一定的分析与探讨。①

鉴于澜湄农业合作具有重要价值及意义，基于以往相关研究成果，本文将聚焦中国推动澜湄农业合作进行基础性但同时带有一定开创性的研究，将分析中国推动合作的动力因素与现实基础，梳理合作进展，明确面临的挑战，并从次区域合作视角出发就未来深化澜湄农业合作提出若干思考与政策建议，以期为增进地区粮食安全与农业可持续发展以及最终推进我国周边外交和澜湄命运共同体建设提供有益的智力支撑。

二、中国推进澜湄农业合作的动力因素与现实基础

可以说，无论是从实际需求、政策关切还是从实践经验等方面来讲，中国推动澜湄农业合作均具备强劲的合作动力和良好的现实基础，澜湄农业合作潜力巨大、未来可期。

（一）优势互补汇聚合作动力

中国与湄公河五国在农业现代化方面形成了巨大的先天优势互补，为六国开展农业合作提供了源源不断的合作动力和坚实的利益基础。

首先，地缘优势。毗邻的地理条件是中国加强与湄公河国家合作最为得天独厚的优势。地理位置上，湄公河国家地处东南亚、南亚接合部，中

---

① 陈翔：《浅析"一带一路"建设背景下的中国农业外交》，《现代国际关系》2015 年第 10 期；徐春春、纪龙、周锡跃、方福平：《"一带一路"背景下的中国大米外交策略》，《中国农业资源与区划》2018 年第 7 期；张帅、孙德刚：《论新时期中国特色的农业外交》，《宁夏社会科学》2019 年第 1 期；张帅：《"走出去"战略提出以来的中国农业外交》，《国际展望》2019 年第 5 期。

国与其中的三国接壤，是中国西南通往东南亚、南亚的重要门户，也是陆上沟通太平洋与印度洋的桥梁。山水相连、国土紧邻与河流共享为中国与中南半岛各国实现合作提供了难得的便利条件。[①] 不仅如此，昆曼公路、中越铁路、中老铁路、澜湄航道以及中国通往湄公河五国主要城市的直飞航线的全面推进也为次区域农业合作提供了区位联通上的重要基础支撑。[②]

其次，农业资源互补优势。当前，人口增长、经济发展、工业原料需求增长等因素叠加导致我国将长期面临农业资源及其农产品需求总量刚性增长与国内农业自然资源不断减少之间的结构性矛盾。而湄公河五国拥有丰富的农业资源，属热带气候，土地肥沃，高温多雨，生物资源丰富，是世界粮食、糖料作物、热带经济作物的主产区。[③] 其中，泰国、越南、缅甸是世界上最重要的大米出口国，泰国则是世界上最重要的天然橡胶生产国和出口国。在农产品方面，湄公河五国大多处于热带地区，而中国大部分地区处于温带地区，双方主要的农产品种类不同，具有较强的互补性。[④]因此，利用澜湄地区农业资源，通过进口农产品的方式进口虚拟耕地资源和水资源，是解决我国农业资源短缺，农产品及其农业资源供不应求的有效途径。

再次，农业技术互补性优势。在技术方面，相对湄公河五国来说，中国的农业技术及农机装备整体水平较为先进。中国的农业技术如种植、农业生物开发、良种繁育、田间操作技术、农业病虫害综合防治、养殖、畜牧业检测防疫、屠宰加工技术、饲料、化肥、农药生产等方面具有较强的优势，特别是杂交水稻和抗虫棉研究深受周边国家欢迎。[⑤] 以云南省为例，2008 年开始，云南省农科院选育的大豆、陆稻、小麦、杂交水稻、马铃薯、甘蔗、柠檬等一大批具有云南特色和优势的作物品种已被柬埔寨、老挝、缅甸、泰国和越南等东南亚国家引进并示范推广，橡胶、木薯、茶

---

① 李巍、罗仪馥：《中国周边外交中的澜湄合作机制分析》，《现代国际关系》2019 年第 5 期，第 20 页。

② 刘雅、徐秀良：《"一带一路"背景下澜湄合作的定位及发展》，《云南大学学报》（社会科学版）2017 年第 5 期，第 95 页。

③ 刘志颐、王锐：《"同饮一江水"的澜湄农业合作》，《中国投资》2018 年第 3 期，第 80 页。

④ 屠年松、洪文：《云南与东盟商品贸易互补性研究》，《经济问题探索》2010 年第 5 期，第 102 页。

⑤ 周雪春：《中国—东盟农业合作研究》，广西大学硕士学位论文，2006 年，第 21 页。

叶、咖啡、澳洲坚果、草果等作物在周边国家也已有相当规模。[1] 同时，中国的农业机械成套设备及技术也显著领先于周边国家。对于均不同程度上面临农业机械化程度落后问题的湄公河五国来说，加大对中国先进设备与经验的引进和使用成为必然需求。

最后，社会人文相通优势。一方面，中国与中南半岛五国共享同源或相近的社会文化。六国同处佛教文化圈，各国在宗教信仰上有天然的亲近性。[2] 而且在长期的历史发展过程中，湄公河五国与中国自古以来就有来往，在文化和社会习惯方面，周边国家受中国文化与理念的影响较深，与中国产生了许多共通文化。另一方面，澜湄五国也是华人、华侨最集中的地区之一，且华人对当地的经济控制力和文化影响程度很高。华人华侨网络是中国开展周边外交与经济合作的优势资源，将为澜湄农业合作奠定重要的人文基础。我国农企可以充分利用这种人缘相亲、语言相近、商缘相通的优势，在经济交往中较其他西方国家以更低的成本融入当地市场，获取最大合作效益。

（二）优先政策凸显合作需求

中国与湄公河五国同饮一江水，自古命运相连。近年来，保障粮食安全与营养、提升农业生产能力和推动乡村可持续发展越来越成为澜湄六国高度关注的优先议题，强化该领域合作已经成为各方共同的强烈愿望和诉求。

一方面，农业对外合作成为中国优先发展议程。党的十八大以来，中国继续高度重视农业的基础地位和作用，相继对促进农业发展和农业对外开放做出了重大的战略部署，为澜湄农业合作提供了政治保障。首先是工作机制的确立。国务院批准建立以农业部部长为总召集人、由 21 个部级单位共同组成的"农业对外合作部际联席会议"，将涉农相关方全部纳进来，为农业对外合作奠定坚强组织保障。其次是政策框架出台。2016 年"十三

---

[1] 《云南高原特色农业"走出去"引领周边国家农业发展》，和讯网，2012 年 11 月 28 日，http：//news. hexun. com/2012 - 11 - 28/148452296. html，登录时间：2019 年 10 月 18 日。

[2] 李巍、罗仪馥：《中国周边外交中的澜湄合作机制分析》，《现代国际关系》2019 年第 5 期，第 20 页。

五"规划强调支持农业企业扩大对外投资，深度融入全球产业链。同年国务院办公厅出台了《关于促进农业对外合作的若干意见》，这是国家层面专门针对农业对外开放的首个指导性政策文件。2017 年，农业部、发改委、商务部共同印发了《农业对外开放"十三五"规划》，这也是第一次为各部门和地方共同推动"十三五"农业对外开放制定了路线图。2018 年 2 月，中共中央、国务院发布《关于实施乡村振兴战略的意见》。这是改革开放以来第 20 个、进入 21 世纪以来党中央连续下发的第 15 个指导"三农"工作的一号文件，足见中央对"三农"问题的重视。上述重要文件的相继发布吹响了加快农业国际化的号角，成为农业对外合作的基本遵循。最后是一盘棋格局初步形成。随着各省际联席机制陆续建立，全国统筹、纵横联动、点面结合的"上下一条线，全国一盘棋"农业对外合作体系初步成形，实现了上下左右协同发力。[①] 农业农村优先发展、开拓农业对外开放新格局的重大理念和战略举措为我国进一步推进包括澜湄农业合作在内的国际农业合作奠定了理念和制度基础。

另一方面，扩大农业对外开放与合作的需求也在湄公河五国加速提升。目前，柬埔寨正在积极推动促进农业发展、加强基础设施建设、吸引更多外来投资和开发人才资源的"四角战略"实施。农业作为第一角受到柬埔寨政府高度重视。2015 年以来，柬埔寨首相洪森将农业发展提升至国家安全战略高度，并制定和实施了中长期发展计划，加大了在农产品种植、加工、仓储、贸易等各环节吸引投资的力度。2018 年，新上任的柬埔寨农林渔业部部长荣沙坤再次强调推动农业领域发展和提高农业领域对国家经济贡献被列为最优先工作目标。[②] 近年来，老挝政府积极发展农业，兴修水利，加大对农业的投入，扩大旱稻种植的面积，[③] 重点扶持了大米、谷类和食品生产。未来老挝将大力发展绿色农业和农副产品加工业，并在鼓励外商投资方面制定了一系列优惠政策，如取消公司注册限制、降低农

---

① 以上有关机制确立、政策框架出台及一盘棋格局的相关表述参见：《开放合作引领农业走向世界》，中国农业农村部网站，2017 年 9 月 25 日，http：//www. gjs. moa. gov. cn/gdxw/201904/t20190418_ 6184360. htm，登录时间：2019 年 10 月 19 日。

② 《柬埔寨农民虽多但农业不振》，网易，2018 年 9 月 15 日，http：//dy. 163. com/v2/article/detail/DRO64POO054509X1. html，登录时间：2019 年 10 月 20 日。

③ 李好：《未来几年老挝投资环境及投资建议》，《广西大学学报》（哲学社会科学版）2014 年第 3 期，第 47 页。

业税及免征粮食、淀粉类农产品出口关税等。① 2012 年缅甸颁布实施新的《外国投资法》，大幅提高优惠政策和放宽外国投资限制，努力改善投资环境。② 在"引进来"的同时，近年来缅甸也在通过加快农业服务中心建设、向农民分发良种、升级加工作坊和提供农业贷款等扩大大米出口，以实现恢复世界头号大米出口国的目标。③ 2015 年，越南启动了农业经济结构调整战略，并于 2016 年开展了农业农村部机构重组。目前，越南提出了新的农业发展目标，即力争未来 10 年使越南跻身世界 15 大农业最发达的国家行列，其中农产品加工跻身世界 10 大国家榜单，成为世界深加工基地和全球农产品贸易促进中心。④ 2017 年泰国农业部决定实施 2017 ~ 2036 年的20 年发展战略，制定了推动务农人口至少达到 2500 万、收入水平提高和可持续发展的工作目标，决定推动泰国高标准农产品生产及出口，大力引进先进技术及农产品附加值，助力泰国农产品生产和加工进入世界先进行列。⑤

更为重要的是，2013 年以来，中方倡导的"一带一路"建设为澜湄六国农业发展战略对接和农业合作提供了重大的政策及机制保障。2017 年 5月，中国农业部等四部委联合发布了《共同推进"一带一路"建设农业合作的愿景与行动》，宗旨在于进一步加强"一带一路"农业合作顶层设计，提出了合作目标、原则，厘清了框架思路，明确了合作重点，规划了行动未来。其中，文件明确指出"强化澜沧江—湄公河合作等现有涉农多边机制"及"共同编制双边农业投资合作规划，增强对最不发达国家农业投

---

① 《丝路新明珠东盟崛起的投资热土——投资老挝调研报告》，中国—东盟博览会网站，2019 年 8 月 8 日，http://www.caexpo.org/index.php? m = content&c = index&a = show&catid = 506&id = 236857，登录时间：2019 年 10 月 20 日。

② 郑国富：《缅甸国际直接投资的特点、问题与前景》，《东南亚南亚研究》2014 年第 1 期，第 72 页。

③ 《缅甸计划本财年出口大米 200 万吨》，商务部缅华网，2017 年 5 月 11 日，https://www.mhwmm.com/Ch/NewsView.asp? ID = 23080，登录时间：2019 年 10 月 19 日。

④ 《越南政府总理阮春福：力争未来十年把越南跻身世界 15 大农业最发达国家行列》，搜狐网，2018 年 7 月 31 日，http://www.sohu.com/a/244277950_ 806142，登录时间：2019 年 10 月 19 日。

⑤ 《泰国农业部决定实施 20 年发展战略》，中国商务部网站，2018 年 6 月 15 日，http://www.mofcom.gov.cn/article/i/jyjl/j/201806/20180602756122.shtml，登录时间：2019 年 10 月 19 日。

资”的行动要求。① 可见，"一带一路"倡议的推进必将为澜湄六国农业政策协调、投资环境改善、基础设施升级和市场深度融合提供巨大契机和坚实的制度保障。

（三）已有实践奠定良好合作基础

长期以来，澜湄六国已经形成了历史悠久、深厚广泛的农业交流与合作关系。尤其自 20 世纪末以来，着眼于尽快改变农业落后局面、进一步缩小发展差距、应对气候变化及实现共同发展，澜湄各国都在积极参与和推动不同层面的区域农业合作。

在双边层面，中国与湄公河五国已经签订了农业双边合作协议，推进了政策交流、农业种植、农技培训、农产品贸易投资等领域的合作。同时，六国农业科技部门也开展了形式多样的农业科技交流合作，培养了一批农业科技研究人员。在多边层面，依托中国—东盟合作机制，中国与湄公河五国在人员培训、技术交流、农产品自由贸易、境外小型合作示范项目、动植物疫情防控等方面开展了优势互补、互利共赢的合作，促进了本地区粮食综合生产能力提升；在东盟与中日韩合作框架下，中国积极推动实施东盟粮食安全信息系统（AFSIS）项目和东盟与中日韩紧急大米储备库（APTERR）项目，从 2004 年起每年为包括湄公河五国在内的东盟国家举办 AFSIS 技术培训班，支持 APTERR 为湄公河五国提供必要的粮食紧急援助。此外，在大湄公河次区域合作（GMS）框架下，澜湄六国于 2001 年成立了 GMS 农业合作工作组机制，推动了种植、养殖、农产品加工、基础设施建设、农业科技交流以及替代种植等领域合作。2008 年中国与湄公河五国又成立了 GMS 农业科技交流合作组，此后相继组建了大豆、陆稻、甘蔗、马铃薯和植保 5 个专业工作组，进一步深化了六国在科技人员互访与培训、种质交换与选育、动植物疫病防控以及农业信息网软硬件建设等领域的交流合作。② 得益于先天的地缘条件和互补优势，中国云南和广西

---

① 《四部委发布共同推进'一带一路'建设农业合作的愿景与行动》（全文），搜狐网，2017 年 5 月 15 日，http://www.sohu.com/a/140602540_247689，登录时间：2019 年 10 月 20 日。

② 《GMS 国家共商农业大计期待在澜湄机制下深化合作》，中国新闻网，2015 年 11 月 18 日，http://www.chinanews.com/gj/2015/11-18/7630127.shtml，登录时间：2019 年 10 月 8 日。

两省深度参与其中、成绩显著。

三、中国推进澜湄农业合作的进展成效

作为首次领导人会议确立的五大优先领域之一，2016 年澜湄农业合作应运而生，蓬勃发展。目前，澜湄流域已成为中国与"一带一路"国家开展农业合作最为活跃的地区之一。2016 年至今，澜湄农业合作在如下四方面取得了显著进展。

（一）夯实机制建设

2016 年 7 月，中国农业部提出成立澜湄合作农业联合工作组的建议，并于 2016 年 12 月将中方起草的工作组概念文件提交各方审议。2017 年 9 月，由各成员国农业部官员组成的澜湄合作农业联合工作组在广西南宁召开了第一次会议，重点讨论制定了澜湄农业联合工作组概念文件，涉及工作组目标、人员组成、职责范围、报告机制、资金安排等内容。① 各方一致同意成立澜湄合作农业联合工作组，并分别指定了合作联系人。本次会议还重点讨论了《澜湄农业合作计划（2017－2018 年)》。澜湄农业合作由此进入正式运转阶段。

根据《澜湄合作农业联合工作组概念文件》规定，该工作组是目前澜湄农业合作最主要的机制平台，其宗旨包括三方面：一是提高次区域农业协调发展水平，保障粮食（营养）安全和食品安全；二是促进次区域农业投资和贸易合作；三是增进次区域农业民间交流和可持续发展。工作组主要由澜湄六国农业部门官员组成，原则上每年召开一次会议。工作组主要职责包括：落实领导人会和外长会有关农业合作的倡议与建议；确定农业合作重点领域、合作方式等，并讨论制定合作计划；协调农业合作所需的资源；组织申报和实施多双边农业合作项目；审议成员国农业合作项目实施情况，商讨解决合作中遇到的问题以及加强与东盟、大湄公河次区域、

---

① 刘雅主编、卢光盛副主编：《澜沧江—湄公河合作发展报告》（2018），社会科学文献出版社 2018 年版，第 14 页。

湄公河委员会等现有合作机制下的农业合作对接等。① 农业联合工作组定期向澜湄合作高官会报告农业合作进展，上述进展经由高官会每年向外长会报告，再由外长会每两年向领导人会报告。中国将为澜湄农业合作提供必要的资金和智力支持，中方设立的澜湄合作专项基金和其他融资安排为申报和实施澜湄农业合作项目提供资金平台。

与此同时，为落实领导人会议的倡议，中方也在推动本地区国家积极商讨共建澜湄农业合作中心，打造本地区农业技术交流、联合研究及投资贸易合作机制。此外，2017～2018 年中国已连续两次成功举办了澜湄合作村长论坛，为次区域村级交流经验和务实合作提供了重要平台。②

（二）推动项目落地

为了获得实效，结合沿岸各国农业需求，2017 年以来中国农业部重点推动实施了渔业资源和生态联合养护、水稻病虫害预警及防控、果蔬生产与质量改进、豆类作物研究与发展中心四个早期收获项目。同时，2017年中国农业部成功申请了澜湄合作基金专项资金 1378 万元，用来支持实施澜湄农业合作联合工作机制建设、联合增殖放流、橡胶种植与生物多样性、跨境动物疫病防控技术交流、水稻绿色增产实验示范、热带农业人才培育、农作物主要病虫害绿色防控、沼气技术培训八大农业合作项目。③

（三）农业经贸投资持续增长

近年来，中国与湄公河五国农产品贸易规模不断扩大，进口增速高于出口增速。2018 年，中国与湄公河五国农产品贸易总额 189.18 亿美元，比上一年增长 15.8%。其中，农产品进口金额 96.52 亿美元，比上一年增

---

① 详见《澜湄合作农业联合工作组概念文件》。

② 《中国村社发展促进会参与协办的第二届澜湄合作村长论坛在云南德宏成功举行》，中国村社发展促进会网站，2018 年 4 月 13 日，http：//www.village.net.cn/news/index/2502，登录时间：2019 年 10 月 8 日。

③ 《澜湄农业合作再掀壮阔波澜》，搜狐网，2018 年 1 月 1 日，http：//www.sohu.com/a/216190242_275039，登录时间：2019 年 10 月 12 日。

长 19.1%；出口金额 92.66 亿美元，比上一年增长 12.5%。① 湄公河五国是中国农业对外投资的重要区域，占中国农业对外投资总体规模的 10% 以上。截至 2017 年底，中国在湄公河五国农业投资存量 23.66 亿美元，占中国对东盟农业投资存量的 56.7%，占中国对外农业投资存量总额的 13.7%。目前，中国对湄公河五国农业投资涵盖水稻、豆类、渔业、畜牧、果蔬、林木等农、林、牧、渔、服务和加工业等各行业，产业链条不断延伸，进一步创造了"天天有进展、月月有成果、年年上台阶"的澜湄速度。②

（四）农业产业园共建成效初显

以双边合作机制为依托，中国着力加强了与部分湄公河国家的农业产业园建设。2018 年，中柬热带生态农业合作示范区和中老现代农业科技示范园进入中国农业部认定的首批十家境外农业合作示范区建设试点名单，重点试验示范农村第一、第二、第三产业融合发展，以期能够为有关国家带来看得到、摸得着的收益。③ 海南顶益绿洲生态农业有限公司在柬埔寨建设的"中国—柬埔寨热带生态农业合作示范区"，基于环境保护、生态种养、循环利用、可持续发展的理念，打造第一、第二、第三产业融合的热带生态综合产业。深圳华大基因科技有限公司在老挝建设的"中国—老挝现代农业科技示范园"，以"生物科技 + 自然资源"为核心，开展重要粮食作物、热带经济作物种质资源收集、鉴定和品种选育等工作，搭建现代农业科技核心示范基地。

四、中国推动澜湄农业合作的制约因素与挑战

虽然中国与湄公河五国在深化农业合作中拥有深厚基础和强烈需求，

① 以上数据系作者根据中国商务部对外贸易司公布的《中国进出口月度统计报告（农产品）》（2018 年 12 月）中的数据计算得出。
② 刘志颐、王锐：《"同饮一江水"的澜湄农业合作》，《中国投资》2018 年第 3 期，第 80 页。
③ 赵艳红：《澜湄流域六国媒体在中国农业部获知哪些利好？》，人民网，2017 年 12 月 13 日，http://media.people.com.cn/GB/n1/2017/1218/c415914 – 29713898.html，登录时间：2019 年 10 月 12 日。

但这并非意味着合作必将是一帆风顺的，其实，很多问题和障碍已经在过去的 3 年里逐步浮现出来。作为一个新兴的次区域功能性领域合作机制，未来的澜湄农业合作必须妥善应对来自国内、地区以至国际层面的政治、经济、社会和国际政治博弈等诸多挑战。

（一）湄公河国家国内蕴含政治风险

澜湄五国多处于政治转制、经济转轨和社会转型阶段，隐藏着诸多潜在政治风险。其中，经济发展水平较高的泰国近年政治持续动荡，影响外来投资信心。走私、毒品、犯罪等长期困扰泰国政府。缅甸实现民主转型后，执政的民盟政府缺乏经济发展和社会治理经验，领导层青黄不接。越南近年加大政治改革和经济开放力度，经济成绩单颇为亮丽，但国内民族主义有所发展，洪森领导下的柬埔寨政府对华较为务实、友好，但国内人民党、奉辛比克党和救国党三大政党间的长期争斗将会对中柬关系和在柬投资的中国企业带来消极影响。① 老挝政局平稳，对华友好，但经济体量较小，在湄公河国家和东盟内部话语权不强。除此以外，上述湄公河国家普遍存在着贪腐问题、治安问题、法治赤字、民族主义情绪等影响澜湄农业合作的负面因素。

（二）湄公河五国基础设施建设滞后

湄公河国家薄弱的基础设施是影响深度推进澜湄农业合作的一大制约因素。2017 年亚洲开发银行（ADB）的《满足亚洲基础设施建设需求报告》指出，从 2016 年到 2030 年，亚洲基础设施建设共需投资 26 万亿美元，即每年的资金缺口高达 1.7 万亿美元。② 目前，缅甸港口基础设施十分落后，铁路匮乏，道路质量差，航空运输量低下。③ 老挝虽长期致力于

---

① 黄日涵、梅超：《"一带一路"投资政治风险之柬埔寨》，中国网，2015 年 9 月 2 日，http：//opinion. china. com. cn/opinion_ 17_ 136517. html，登录时间：2019 年 10 月 22 日。
② 于宏源、汪万发：《澜湄区域落实 2030 年可持续发展议程：进展、挑战与实施路径》，《国际问题研究》2019 年第 1 期，第 80 – 81 页。
③ 中国农业国际交流协会走出去智库（CGGT）：《澜湄五国农业投资合作机遇与实务指南》，中国农业出版社 2018 年版，第 96 页。

变"陆锁国"为"陆联国",但其国内基础设施建设仍然极度落后,高速公路和铁路不畅严重阻碍了本国经济发展。越南经济发展使货物运输和旅客运输需求日益增加,但越南本国的交通基础设施仍然薄弱,城市交通堵塞日趋严重。柬埔寨政府虽不断加强电力基础设施建设,但由于能源缺乏,其电力供应成本高、电价贵的问题仍亟待解决。相对于其他国家,泰国经济依靠农业、旅游业取得了较大进展,但基础设施仍有较大提升空间。① 脆弱落后的基础设施妨碍了本地区农产品贸易的畅通性与便利化,客观上增添了我国开展境外农业合作的成本与风险。

(三) 我国农企国际竞争力偏弱

企业是我国农业"走出去"、开展澜湄农业合作最重要的主体。而从实际情况看,我国依然面临着涉农企业"走出去"的国际竞争力偏弱的困难。当前,"走出去"的企业多为民营中小企业,规模相对较小,投资层次相对较低,技术创新能力较弱,合作领域主要集中在种植业等附加值不高的产业链低端环节。② 由于尚未建立起规范化的现代企业制度,多数企业在"走出去"的过程中内部运行机制简单化,经营管理绩效较差,缺乏清晰长远的战略规划,造成项目落地难、成功率低。有些企业对投资对象国政治、经济、法律等缺乏充分考察和了解,对东盟国家社会组织化程度不高、老百姓生活习惯等情况认识不足,导致难以和当地人真正融合在一起,限制了项目的顺利推进。而且,多数企业也普遍缺乏既懂技术又懂管理,同时了解国际贸易规则和东道国语言文化的综合型人才,严重影响了境外业务的顺利开展。③ 此外,企业"走出去"后各自为战、无序竞争状态急需改善,集群效应亟待形成。

---

① 上述关于老挝、越南、柬埔寨及泰国的基础设施状况详见:田昕清:《澜湄合作框架下的贸易与投资便利化研究》,《国际问题研究》2018年第2期,第61页。

② 翟雪玲、张雯丽、原瑞玲、王慧敏:《"一带一路"倡议下中国农业对外合作研究——主要国家投资环境与企业发展实绩》,经济管理出版社2017年版,第18页。

③ 王永春、王秀东:《农业走出去走得快还要走得稳》,大众网,2017年5月17日,ht-tp://paper.dzwww.com/dzrb/content/20170517/Articel10004MT.htm,登录时间:2019年10月18日。

（四） 域外因素制约合作深入开展

湄公河地区的战略重要性导致大量国际资本前来投资并谋取战略利益。1992 年以来，日本主导的亚洲开发银行（ADB）牵头成立了大湄公河次区域合作机制（GMS），日本在该框架下通过无偿资金援助、政府贷款、开发调查和技术援助等双边合作以及 ADB、UNDP 等多边合作的渠道，使这些区域已经成为日本重要的海外农业投资地。与此同时，日本的海外协力机构（JICA）长期在湄公河下游地区进行农业援助与投资，如通过提供日元贷款，在湄公河地区修建灌溉设施、普及节约型农业体系、提升稻米种植水平；在一些条件好的地区帮助建立农业生产、加工、流通等设施，并建设农业一体化体系；为农民提供技术培训，提供小额农民贷款以及提升农业大学能力；等等。2009 年美国发起了"湄公河下游倡议"，将湄公河地区作为其整个东南亚政策的优先地区，每年从参政预算中专门拨款用于支持与该地区国家在环境、教育、水资源、基础设施等可持续发展领域合作。2010 年，韩国战略和财政部与亚洲开发银行就金融资助 GMS 成员国签署谅解备忘录，成立经济发展合作基金（ECDF），主要用于对柬埔寨、老挝和越南等国实施包括农业在内的发展援助。近年来印度也在将其"向东政策"与湄公河各国的向外战略进行对接，加大了对该流域的关注与投入。2018 年 8 月，第九届湄公河—恒河地区外交部长会议召开，湄公河五国与印度一致同意促进六国在农业、旅游、文化和交通等领域的合作。① 如何通过协调澜湄合作机制与上述机制框架的关系、尽量避免无序竞争和合作中的重复建设是我们应认真思考的议题。

五、未来中国推进澜湄农业合作的路径选择

澜湄合作是中国倡导并主推的首个次区域合作机制，目前已经成长为世界范围内最具发展潜力与活力的次区域合作进程。在当前我国不断扩大农业对外开放与合作的新形势下，澜湄地区理应成为中国与周边国家分享

---

① 《多国与东南亚湄公河国家增进合作》，搜狐网，2019 年 3 月 25 日，http://www.sohu.com/a/303627515_ 1625222010，登录时间：2019 年 10 月 25 日。

发展成果、构建农业对外合作新格局和打造命运共同体的先行示范区和优质样板。这既是中国自身发展的诉求，也是次区域共同发展的需求，还是中国作为一个地区大国的责任与担当。展望未来，中国进一步推进澜湄地区农业合作应做好如下几方面工作：

（一）强化战略认知、制订合作规划

要将推动农业国际合作与国内发展和周边外交战略紧密结合起来，以战略高度看待澜湄农业合作的重要性。

首先，明确合作目标。中国推动澜湄农业合作的目标应至少涵盖国内、地区两大层面。从国内层面看，通过利用两种资源、两个市场，推动我国农业转型升级，并通过进一步扩大改革开放，促进我国东西部经济均衡、协调发展，服务于党中央全面建设小康社会和"两个一百年"战略目标的顺利实现。从地区层面看，通过引领制度建设、提供公共产品和开展优势互补的合作，促进澜湄地区农业可持续发展与澜湄流域经济发展带建设，增进澜湄六国利益共享与政治互信，为构建澜湄乃至中国—东盟命运共同体提供有力支撑。

其次，规划合作路线图。在《澜湄合作五年行动计划（2018–2022）》《共同推进"一带一路"建设农业合作的愿景与行动》等文件的指引下，尽快牵头制订《澜湄农业合作五年行动计划（2020–2024）》，为未来5年本地区农业合作明确工作目标、指导原则、重点领域、实施路径、具体项目与资金安排等，推动澜湄农业合作再上新台阶。需要特别注意的是，在制定该计划的时候，一定要做好与联合国2030年可持续发展议程、东盟以及次区域已有的粮农合作行动计划的呼应与对接，真正体现次区域共同发展需求，体现助力东盟缩小发展差距、进一步提升中国—东盟关系的整体外交目标。

（二）明确合作重点、夯实利益基础

将中国自身优势与地区各国优先关切相结合，未来澜湄农业合作应至少包括如下四个重点领域：首先，政策沟通与战略对接。我国应推动六国完善多层次、多主体政策对话平台与交流渠道，增强农业发展战略对接与耦合，推动各方协商解决合作中问题，增进成员国间的政治互信，携手为务实合作和项目实施提供良好的政策环境与制度支持。为此，一方面应强化现有合作机制建设，如对澜湄农业合作联合工作组进一步赋权，提高其决策力、协调力和执行力，提升其制度化水平及吸引力，将其打造成为六国制定农业合作战略规划和实现全方位政策沟通的核心机制与平台；另一方面充分利用已有成功经验，推动建立"澜湄农业合作与发展论坛"等"一轨半"合作机制，促进本地区官、产、学界农业政策协调、项目对接与学术交流，为一轨决策提供智力支撑。

其次，知识分享与能力建设。我国应加大六国农业科技合作投入力度，多渠道推进本地区农业知识传播、技术分享、信息沟通和人力资源开发，提升澜湄五国农业科技人员及农户自我发展能力，提升次区域农业国际竞争力。具体来说，加快落实农业与农村部《农业对外开放"两区"建设方案》相关精神和要求，进一步推动澜湄五国内农业科技示范园和农业科技示范基地建设，推动各国在水稻杂交育种、水稻绿色增产、动植物疫病联合防控、畜牧水产养殖、节能沼气、水土保持和生态环境保护等方面的农业技术创新合作与科技人才培养。在园区建设成熟的情况下，推动更大规模、更高层次的农业合作示范区建设。此外，加强我国与澜湄五国涉农院校和科研机构的多双边机制化合作联系，同时以境外农业科技示范园区、"走出去"农业企业为主，围绕作物种植和畜禽养殖关键技术环节，对当地农户进行技术培训。

再次，农业贸易与投资合作。在当前单边主义及贸易保护主义抬头、国际农产品市场不确定性加剧的背景下，我国应以中国—东盟自贸区协定"升级版"全面生效为契机，进一步推动企业"走出去"，加强农产品贸易基础设施建设及农产品加工、仓储、物流等全产业链投资合作，促进本地区农产品市场一体化，提升本地区在全球粮农治理体系创新中的竞争力和影响力。需要指出的是，我国应优先考虑在老挝、柬埔寨、泰国战略节点国家加强农产品贸易、物流、交通等基础设施建设，发挥其示范作用。

最后，紧急援助与可持续发展。当前，澜湄六国均面临经济快发展、气候变化及环境退化和生物质能源开发等对粮食及食品安全带来的诸多挑战。我国应在借鉴东盟与中日韩紧急大米储备库机制成功经验的基础上，推进本地区粮食紧急救助、食品质量安全及营养合作，强化次区域粮食安全综合治理能力和应对气候变化能力，确保充足、安全且富有营养的粮食及食品供应，保障民生、增加福祉。

（三）培育合作主体、打造服务支撑平台

加快形成政府引导、企业为主体的农业"走出去"发展模式。现阶段，国有企业产业化、组织化程度高，农业科技力量雄厚，多数实行标准化、产业化和规模化生产，可以作为农业"走出去"的重点支持对象，作为实施农业"走出去"的重要载体和主力。① 在培植龙头企业的同时也要鼓励和吸纳更多有实力的民营企业共同参与。同时要鼓励民营企业相互合作，结成战略联盟，"抱团出海"以提高企业的竞争力。②

政府层面，应着力打造企业"走出去"服务支撑平台体系。这就需要进一步健全农业"走出去"管理和监督制度，尽快出台涵盖各部门的支持农业企业"走出去"的财政、信贷、外汇、金融、政治外交等法规制度体系。③ 另外，应着力加强专门针对"走出去"农企的信息服务体系建设。为此，可考虑建立专门针对澜湄农业合作的信息服务平台，定期搜集、整理和发布湄公河五国农业生产发展、农产品贸易与投资、农业政策与市场法规等方面的信息，为我国农企实现成功"走出去"提供扎实可靠的信息服务与支撑。

（四）加强机制间协调、塑造大国竞合关系

在我国推进澜湄农业合作过程中，需要协调好澜湄合作机制与本地区其他合作机制以及相关大国的关系，缓解相关国家疑虑。首先，要加强与现有机制的协调，特别是与大湄公河次区域经济合作（GMS）、东盟—湄公河流域开发合作（AMBDC）和湄公河委员会（MRC）等现有次区域合

---

① 陈颖、陈辉：《农业"走出去"是一个大战略》，《农业经济问题》2007 年第 4 期，第 22 页。
② 李洋、施孝活：《"一带一路"倡议下中国与东南亚国家农业合作前景》，《国际展望》2018 年第 5 期，第 79 页。
③ 王永春、王秀东：《中国与东盟农业合作发展历程及趋势展望》，《经济纵横》2018 年第 12 期，第 94 页。

作机制相互补充，协调并进。同时注重与东盟共同体建设的目标相协调，[①]做好与《东盟粮食、农业与林业合作愿景及战略规划（2016－2025）》的对接，助力东盟农业可持续发展与粮食安全。为此，可考虑在联合工作组机制下设立一个特别委员会，负责与上述机制特别是具体项目设计落实过程中的协调，突出澜湄农业合作的优势与特色，避免重复投资、资源浪费。

其次，做好与域外大国间的协调与平衡。当前东北亚局势出现重要转机，中日、中韩等双边关系回暖，为此要加强我国与日本、韩国在湄公河地区农业领域的第三方、第四方合作，发挥各自优势，实现多方互利共赢的合作局面。在"区域全面经济伙伴关系"（RCEP）整体上完成谈判的这一重大利好之下，推动中国技术、资金优势与日方项目设计与管理等方面优势有机结合，加强双方在湄公河五国的农业投资合作，致力打造从研发、培育、种植，到收购、仓储、加工，再到销售、物流、服务等上中下游产业链一体化的农业经贸合作区。与此同时，积极探索"中日韩＋"合作新模式，加强三国对湄公河地区进行农业金融、农业科技领域及基础设施的综合开发。此外，在合作进程中还要注重创新制度形式，例如加强与亚洲开发银行、亚洲基础设施投资银行、世界银行等国际组织的沟通与合作，增加利益攸关方，进一步扩大澜湄农业合作的开放性与包容性。

The Research on China's Promoting Lancang – Mekong Agricultural Cooperation：Basis，Present Situation and Route Choice

Cui Haining

Abstract At present，food security，which receives great attention worldwide，has become one of the important factors in national，regional and global stability and development. Agriculture has already turned to be the superior re-

---

① 卢光盛、罗会琳：《从培育期进入成长期的澜湄合作：新意、难点和方向》，《边界与海洋研究》2018 年第 3 卷第 2 期，第 27 页。

source for major country diplomacy with Chinese characteristics. Against this backdrop, Lancang – Mekong agricultural cooperation was initiated and has achieved great progress ever since 2016. This article analyzes the basis for and reviews the process of Lancang – Mekong agricultural cooperation, and thus put forward thoughts and policy recommendations on the route choice in the future, which aims to provide intellectual support for enhancing our agricultural foreign cooperation and the building of regional community with shared future in the long run.

Key Words Lancang – Mekong Agricultural Cooperation; Driving Force; Basis; Challenge; Route Choice

Author Cui Haining, Institute of Asian Studies at China Foreign Affairs University, Associate Professor, Deputy Director.

会议与文献综述
Conference and Literature Review

"携手打造中国—东盟命运共同体"

——中国—东盟大学（国别与区域研究）智库联盟论坛 2019 会议综述

王海峰　　杨子璇

【摘要】2019 年 9 月 20 日，中国—东盟大学（国别与区域研究）智库联盟系列论坛 2019 在广西大学举行。本次论坛以"携手打造中国—东盟命运共同体"为主题，来自国内与东盟国家的专家学者们围绕四大议题——"澜湄合作与中国—东盟关系""东盟东部增长区发展与'一带一路'合作""澜湄国家教育减贫合作研究"以及"国际陆海贸易新通道建设"，以分论坛的形式进行了热烈而务实的讨论，取得诸多成效。

【关键词】澜湄合作；东盟东部增长区；教育减贫；国际陆海新通道

【作者简介】王海峰，广西大学国际学院，讲师、博士；杨子璇，广西大学国际学院，学生。

中国—东盟大学智库联盟年度论坛机制是经中国外交部、中共中央对外联络部和教育部三个部委同意，由广西大学牵头组建的平台，成立目标是开展共同课题研究、共享研究成果、共享学术资源的学术交流。2019 年 9 月 20 日，中国—东盟大学（国别与区域研究）智库联盟系列论坛 2019 在广西大学举行。本次论坛以"携手打造中国—东盟命运共同体"为主题，来自国内与东盟国家的专家学者们围绕四大议题——"澜湄合作与中国—东盟关系""东盟东部增长区发展与'一带一路'合作""澜湄国家教育减贫合作研究"以及"国际陆海贸易新通道建设",以分论坛的形式进行了热烈而务实的讨论,取得诸多成效。

一、开幕式致辞与主旨演讲

中国—东盟大学(国别与区域研究)智库联盟论坛开幕式于 2019 年 9 月 20 日上午举行。广西大学副校长、国际学院院长范祚军教授主持开幕式环节,出席开幕式的领导与嘉宾有:葡萄牙前财政部部长爱德华多·卡特罗加,中联部当代世界研究中心巡视员、高级研究员傅大刚,中国—东盟商务理事会执行理事长许宁宁,广西壮族自治区政协副主席、广西大学党委书记、中国—东盟区域发展省部共建协同创新中心常务理事长刘正东,亚洲金融协会秘书长、中国—东盟开放门户研究院院长杨再平先生和南开大学教授佟家栋。

中联部当代世界研究中心巡视员、高级研究员傅大刚,中国—东盟商务理事会执行理事长许宁宁,广西壮族自治区政协副主席、广西大学党委书记、中国—东盟区域发展省部共建协同创新中心常务理事长刘正东分别致开幕词。傅大刚表示,在广西大学的积极推动下,中国—东盟大学智库联盟得到进一步壮大,取得了丰硕成果,助力中国—东盟"一带一路"合作走深走实,助力中国—东盟提质升级,推动"中国—东盟关系命运共同体"建设行稳致远。许宁宁指出了现实工作中遇到的一系列需要共同探讨和解决的问题,并希望通过联盟就解决问题进行探讨,落到实处。刘正东表示广西大学有条件、有信心支持和服务好中国—东盟大学智库联盟的发展,努力将其发展成为中国—东盟高校交流和人才培养的重要基地,为"中国—东盟命运共同体"建设贡献力量,希望大家给予指导、帮助和支持,也希望与会专家借助平台相互交流、碰撞思想、共同展望、推进合作,秉承开放包容、互学互鉴的精神,更好地促进中国与东盟开放合作。

在主旨演讲环节,葡萄牙前财政部部长爱德华多·卡特罗加,南开大学教授、原副校长佟家栋和中国金融学会副秘书长杨再平进行了观点分享。葡萄牙前财政部部长爱德华多·卡特罗加作了题为《全球化国际合作》的主旨演讲。爱德华多·卡特罗加着眼于全球化的概念,提出进行全球化的思考和行动,认为需要对全球性问题进行管理和协商,推动经济全球化的新平衡,他表示,全球化合作是提升全球福祉最好的方法。佟家栋作了题为《向机制化一体化迈进亚太的选择》的主旨演讲。佟家栋认为全球化如今正经历着深刻的调整，需要区域经济一体化支撑各国经济的发展，亚太乃至印太区域经济一体化正在用机制化替代非机制化。区域性全面经济伙伴关系（RCEP）成员国可能会在机制化探索中取得共识。印太经济一体化从理想走向现实应该是该地区的主要目标。亚洲金融学会原秘书长、中国金融学会副会长、原中国银行业专职副会长杨再平作了题为《为"中国—东盟命运共同体"注入跨境一体化金融动能》的主旨演讲。杨再平认为"中国—东盟命运共同体"要取得进一步发展，真正做到更加紧密、更加一体化，就必须要注入金融动能。因为金融的逻辑就是跨时空交易、跨时空聚集和配置资源，"跨境金融"往深获得进一步发展就是"金融一体化"。

二、澜湄合作与中国—东盟关系

在"澜湄合作与中国—东盟关系"议题环节，朱拉隆功大学亚洲研究所研究员邢馥虹、清迈大学东盟研究中心主任尼西·攀塔米、云南大学国际关系研究院副院长卢光盛、柬埔寨金边皇家大学"21世纪海上丝绸之路"研究中心主任尼克·占达里、中国出口信用保险公司首席经济学家王稳、曼德勒大学国际关系学院副教授季玛、浙江大学非传统安全与和平发展研究中心海外安全研究所所长周章贵、新加坡南洋理工大学拉惹勒南国际研究学院研究员龚丽娜、老挝国立大学亚洲研究中心主任布阿顿·盛堪考拉旺、马来西亚国际战略研究所研究员穆罕默德·哈里斯·斌·扎因尔、越南河内国家大学经济与政策研究院中国经济研究所主任阮德成、商务部研究院亚洲所副所长袁波、中国人民大学重阳金融研究院副研究员关照宇和广东广新国际投资控股有限公司经理王超杰分别就议题相关内容进行发言。

云南大学国际关系研究院副院长卢光盛关注的是湄公河地区制度的竞争与合作，他认为湄公河地区已经形成了交叠、竞争和冲突的制度，造成了制度的"拥堵"。中国与湄公河地区倡导的澜湄合作机制（LMC）是次区域合作机制的"后来者"，在此机制中，中国应主动发挥积极作用，促进共同发展，具体措施包括：一是推进湄公河地区各项制度的竞合，而不是"另起炉灶"；二是主动搭建制度合作架构，积极确立合作的预期目标和塑造合作空间；三是充分发挥在区域合作中的建设性积极作用；四是调动湄公河国家的积极性和主动性，开展制度竞合的早期收获项目；五是对于域外国家在湄公河地区开展"第三方市场合作"，中国应该持开放、合作的态度。

泰国清迈大学东盟研究中心主任尼西·攀塔米关注中国和东盟的经济交流扩张，认为澜湄地区需要通过提升年轻人教育水平，夯实基础，促进大湄公河次区域国家间的合作升级。柬埔寨金边皇家大学"21世纪海上丝绸之路"研究中心主任尼克·占达里就柬埔寨参与澜湄合作的进展与出路发表了观点。他肯定了澜湄合作机制实施3年来所取得的重要成果，包括区域合作机制的建设等，但与此同时，他认为澜湄合作机制仍然存在如何建立稳定增长的机制的挑战。中国出口信用保险公司首席经济学家王稳围绕出口信贷助力中国东盟经贸合作，讨论了出口信贷在政治风险保险方面的作用。他提出亚洲基础设施融资缺口大的问题，指出中国信保对电力、通信、港口、光伏等项目上的支持，表达了中国信保在推动中国—东盟经贸合作方面的意愿。

曼德勒大学国际关系学院副教授季玛主要关注缅甸与澜湄教育合作的关系，她提到缅甸在2019年1月推出了澜湄文化交流青少年营，该项目使用澜湄合作机制基金，旨在加强6个参与澜湄合作机制的国家在艺术家和青少年方面的合作。2019年4月，李克强总理在会见缅甸领导人时，表示中国愿同缅方加强发展战略对接，推进中缅经济走廊的发展。

浙江大学非传统安全与和平发展研究中心海外安全研究所所长周章贵教授进行了题为《中国—东盟湄公河次区域合作机制与展望》的分享。他提出东盟框架下的澜湄次区域合作机制有四大优势，体现在：一是全流域沿岸6个国家参与的合作机制；二是推进南南合作的有效平台；三是与其他区域合作机制相互补充、相互促进、相互作用；四是重在务实。同时他也指出湄公河次区域地区面临的三大挑战：一是合作模式众多，二是国家间经济实力差距较大，三是资金缺少以及制度滞后。为解决这些问题，他对澜湄合作机制的发展提出六点建议：一是起草全流域多边协议与法律框架；二是建立联合机制与执行机构；三是确定合作路径，形成一致的目标和共识；四是共享信息数据；五是鼓励利益相关方的共同参与；六是共担成本、共享效益，倡导共担责任和共享未来。

新加坡南洋理工大学拉惹勒南国际研究学院研究员龚丽娜从非传统安

全问题的角度切入，认为非传统安全问题不涉及军事，是相对不敏感的，国家间更容易在该领域开展合作。老挝国立大学亚洲研究中心主任布阿顿·盛堪考拉旺针对老挝—中国的旅游与经济合作，指出在当前老挝和中国友好往来的背景下，中国赴老挝游客将继续增加，并在 2021 年完成中老铁路建设后达到高峰，这有利于加强双方的合作关系，推动"一带一路"合作的进一步发展。朱拉隆功大学亚洲研究所研究员邢馥虹从各个成员国对待澜湄合作的立场入手，对泰国参与澜湄合作机制的挑战进行了分析，她认为目前的合作在框架和机制上存在重叠和不协调的问题，同时，各个国家对合作的认识和看法不同，因此建议中国应引领各成员国的学者们共同研究澜湄合作，鼓励各个国家重新认识澜湄合作框架和中国形象。

马来西亚国际战略研究所研究员穆罕默德·哈里斯·斌·扎因尔强调共享湄公河资源，此外，他还解读了针对中国—东盟在水力发电和经济金融方面进行资源合作的负面声音，提出中国—东盟要推进高质量、绿色、可持续、包容性的合作；用可持续的发展框架组织多方合作，将太阳能利用作为新合作点；中国在自身崛起和与东盟的合作过程中要展现大国形象。越南河内国家大学经济与政策研究院中国经济研究所主任阮德成也指出澜湄合作机制在演变发展中所出现的机制重叠和不协调的问题，表示越南积极参与该机制，因为澜湄合作机制提供了机会，但环境监管不到位、收益—成本比率低于预期等情况需要改善，并强调要坚持可靠且可持续的发展原则。中国人民大学重阳金融研究院副研究员关照宇主要讨论的是"一带一路"机制和澜湄机制的对话与合作问题。他指出第二届"一带一路"国际合作高峰论坛和推进"一带一路"建设工作 5 周年座谈会是"一带一路"发展的两个重要节点。他还回应了东盟各位专家指出的现有问题，强调中国正在努力提升自身在东南亚国家和人民心目中的形象。

三、东盟东部增长区发展与"一带一路"合作

在"东盟东部增长区发展与'一带一路'合作"议题环节，江苏社科院世界经济研究所张远鹏教授、商务部《国际贸易》杂志社总编郭周明、外交学院亚洲研究所副所长杨悦、外交学院亚洲研究所所长郭延军、马来亚大学中国研究所副主任张添财、暨南大学国际关系学院/华侨华人研究院国际政治系主任李皖南、中国社会科学院亚太与全球战略研究院助理研

究员刑伟、中国南海研究院助理研究员彭念、马尼拉雅典耀大学雅典耀经济研究与发展中心经济系主任洪我敏、广州市社会科学院的伍庆、加札马达大学东盟研究中心执行秘书普特里·林把瓦提和中国海洋大学国际事务与公共管理学院国际政治专业硕士研究生王筱寒等就议题相关内容进行发言。

江苏社科院世界经济研究所张远鹏教授演讲的主题是"中美贸易战背景下的东盟东部增长区发展与'一带一路'建设"。他阐述了东盟东部四国以"五通"为切入点参与"一带一路"合作的进展，指出在中美贸易战与中美脱钩背景下，中国将加强与东盟的合作，他还对中国与东盟东部增长区开展"一带一路"合作进行了展望。商务部《国际贸易》杂志社总编郭周明演讲的主题是"中国—东盟开放合作高质量发展战略的思考"。他指出要坚决反对"美国优先"的霸权主义，要维护 WTO 框架下的全球贸易和投资秩序，要利用中国—东盟贸易发展的优势，这些对于释放中国经济自身动能尤为重要。

外交学院亚洲研究所副所长杨悦从"一带一路"倡议着手，从现状、措施和执行三个方面对中国和东盟国家的合作展开讨论。她借助多个合作指数指标，指出中国和东盟国家的合作呈现了跨越式发展、展现了优势，并认为中国企业在东盟国家旅游业、基础设施建设、加工制造业、物流业以及技术方面的发展前景光明。外交学院亚洲研究所所长郭延军谈及东盟对"一带一路"倡议的多元认知，从区域合作的多重框架讨论了战略对接问题。他表示各个机制都存在不同的问题，面对挑战，能否建立规则基础上的合作、建立多元框架实现机制协调成为中国—东盟合作发展的重点。

马来亚大学中国研究所副主任张添财主要介绍了"一带一路"倡议下中国与马来西亚的互联互通，指出马哈蒂尔时期中国与马来西亚在"一带一路"建设方面面临的挑战，以及在基础设施和民心等方面进行合作的可能。暨南大学国际关系学院/华侨华人研究院国际政治系主任李皖南作了题为《东盟东部增长区：进展与挑战》的演讲，她回顾了东盟增长区发展的几个阶段，认为东盟区域资源禀赋好、发展潜力大。根据增长极理论，她指出东盟增长区缺乏增长极，不利于开展区域内部经济合作和外部合作，中国参与东盟东部增长区发展，作为增长极进行合作和协调，为该地区发展带来了活力。

中国社会科学院亚太与全球战略研究院助理研究员刑伟指出澜湄地区

合作符合和平与发展的时代主题，并提出水资源的治理是安全治理的关键。他针对水资源治理提出四点建议：一是需要制定多层次的跨境水资源安全治理模式；二是澜湄合作机制内应加大对安全议程的考量；三是以可持续发展理念和合作方式促进水资源安全合作；四是积极推动国内非政府组织走向世界。

中国南海研究院助理研究员彭念指出，缅甸作为东盟发展的枢纽，在能源方面（如油气等），可以为"一带一路"发展提供巨大的支持。而在中国与缅甸的合作中，安全问题和环境问题等都是合作中面临的挑战。马尼拉雅典耀大学雅典耀经济研究与发展中心经济系主任洪我敏对菲律宾在参与"一带一路"建设中取得的成效进行了总结，他表示，两国企业合作推进的中国政府资助的大坝、道路建设等重大项目为菲律宾提供了更好的发展机会。广州市社会科学院的伍庆认为中国文化对外传播在"一带一路"背景下面临新机遇。"一带一路"倡议对促进中国与东南亚国家之间的民心相通，推进"一带一路"和"人类命运共同体"建设具有重大意义。

加札马达大学东盟研究中心执行秘书普特里·林把瓦提对印度尼西亚和菲律宾的传统产业纺织业发展进行了分析和对比研究。中国海洋大学国际事务与公共管理学院国际政治专业硕士研究生王筱寒围绕"一带一路"背景下的中国—东盟蓝碳合作进行了分享。王筱寒就海洋环境对碳循环所起到的重要作用方面进行了阐述，并倡议中国和东盟携手合作，将节能减排等纳入"一带一路"框架，深化政策沟通，加强合作与政治互信，完善市场合作和蓝碳产业链，推动"中国—东盟海洋命运共同体"的建构。

四、澜湄国家教育减贫合作研究

在"澜湄国家教育减贫合作研究"议题环节，老挝国家经济研究所企业发展与国际一体化政策中心副主任潘帕科特·温潘达拉、清迈大学经济系助理教授楚基特·柴博翁、仰光大学国际关系学教授堤达·昂、辽宁大学国际关系学院硕士研究生李增桃子、曼德勒大学国际关系学系讲师庭庭其和越南社会科学院越南研究部副主任阮邦农等就议题相关内容进行发言。

老挝国家经济研究所企业发展与国际一体化政策中心副主任潘帕科

特·温潘达拉演讲的主题是"老挝北部农村的中方投资、教育程度和减贫"。他的研究表明，老挝北部农村地区通过与中国签订种植合约，老挝农民实现了减贫、提升了自身受教育程度。该地区经济进一步的发展将鼓励、完善合约种植法律法规，实现双赢。

清迈大学经济系助理教授楚基特·柴博翁对中国和东盟国家的汇率政策进行了研究，通过构建模型，对汇率变动和经济变化情况进行模拟，提出中国与东盟国家要依据自身汇率政策来控制通货膨胀，同时促进经济发展。

在缅甸城乡差距大、贫困问题严重的背景下，仰光大学国际关系学教授堤达·昂对教育在减贫方面的贡献和措施进行了研究。他认为缅甸采取的免费教育政策和课程改革意在促进人才培养，在进一步加强澜湄合作的同时，要借助各国政府、非政府组织和企业等力量实现教育减贫。

清迈大学东盟研究中心主任尼西·攀塔米认为农村地区的受教育程度的提升与本地区脱贫存在矛盾之处，并指出重点在于要将具有包容性的教育标准带到农村，以此促进农村发展。他认为要从教育、就业和局势稳定方面对缅甸在经济发展上的困境进行分析和改善。

随后，与会专家就教育与减贫进行了深度讨论，堤达·昂认为教育评估方式和指标的灵活性有利于整体的提升。潘帕科特·温潘达拉也表示结合人才市场需求来提升受教育水平有利于促进减贫。

辽宁大学国际关系学院硕士研究生李增桃子针对澜湄合作机制框架下的湄公河次区域减贫问题进行了研究和讨论，他认为虽然亚洲基础设施投资银行支持的诸多澜湄合作减贫项目已经顺利进行，但是由于域外力量的插手和存在政府不稳定因素、自然条件不均衡等问题，减贫合作仍存在诸多困难。但通过协调、耦合机制，关注澜湄国家发展和借鉴中国经验，会使更多澜湄国家受益。

曼德勒大学国际关系学系讲师庭庭其对比了澜湄次区域、中国和全球范围内的教育减贫成就，认为政府合作、公私伙伴关系（PPP）和非政府组织（NGO）在正式教育、非正式教育和基础教育方面的支持对于减贫不可或缺，并认可中国在减贫进程中所取得的成就和其具有的借鉴意义。

越南社会科学院越南研究部副主任阮邦农着重关注越南中部高原贾莱地区的少数族群，利用多维度指标对其贫困状况进行了分析。他的研究表明该地区最高收入组和最低收入组之间存在巨大差异，同时在社会保障、教育、医保、农业支持方面尚未实现可持续发展，建议借助相关政策促进经济进一步发展。

五、国际陆海贸易新通道建设

在"国际陆海贸易新通道建设"议题环节，曼德勒大学法律系教授堤达·昂、北京大学国际关系学院翟崑教授、广西民族大学商学院副院长胡超教授和海南大学副校长叶光亮教授等就议题相关内容进行发言。

曼德勒大学法律系教授堤达·昂认为中国与新加坡的合作主要从金融、物流、信息和通信技术以及现代服务业展开，中国与缅甸签订了谅解备忘录并为缅甸经济发展和居民创造了就业机会。她指出国际陆海贸易新通道是中国与东盟国家展开建设的示范性通道，在实施和发展过程中应始终贯彻和平方式。

北京大学国际关系学院翟崑教授就"一带一路"发展态势及国际陆海贸易新通道的影响进行了发言。他认为"一带一路"全球扩展、全国展开、全业覆盖、全民参与，而在此过程中，"一带一路"大动脉的贯通和"五通"的高质量发展要求建设互联互通的基础设施和全角度发展海陆空天网。

针对全面开放新格局下的西部陆海新通道联通建设状况，广西民族大学商学院副院长胡超教授认为硬联通降低了运输成本，软联通起到协调对接的"润滑剂"作用。而在"五通"的建设过程中必须要有统一的标准和规则，促进融通。目前软联通发展滞后于硬联通，在合作进程中，要不断解决长效机制缺乏、运输资源分散、营商环境欠佳、政策落地不足、资金融通少、人文交流不均衡等问题，需要培养"语言＋专业＋实践经验"的复合型人才。

海南大学副校长叶光亮教授同与会专家探讨了西部陆海新通道建设与中国对外开发开放新思路，他认为中国沿海和内陆经济开发战略的思路可以供东盟国家参考和借鉴，东盟国家都是良好的成长型市场，这些国家应当针对各自概况制定发展计划和目标，完善东西部地区的帮扶，实施刺激措施，鼓励引入投资，同时重视基础设施建设和教育投资。

海洋安全研究中心、察哈尔学会副主任朱明对海上丝绸之路的发展进行了分析，提出要打通滇缅路线、开拓印度洋的思路。在此过程中，获取外部力量支持和军事力量援助十分重要。虽然"马六甲困境"依然存在，但是通过加强边缘性通道的建设，从而为"一带一路"和未来的发展提供更好的前景也不可或缺。南宁师范学院师园学院讲师刘忠萍着重分享了广西物流发展的新机遇，指出陆海新通道有助于形成"通道+"战略的发展格局，衔接"一带一路"，促进西部地区和东盟的深度融合。

结 语

广西大学国际学院执行院长王玉主教授作闭幕式总结发言，强调大学智库与政府所属智库之间的差异性，指出包括安全战略、经济、教育和人文交流在内的本次会议所涉议题都与大学联系十分密切。他指出，在中美关系发生变化的背景下，中国与东盟实现合作共赢尤为重要。与会专家提出的深化"一带一路"合作、促进澜湄等次区域发展都十分值得深入思考。澜湄合作机制的"拥堵"问题要求"东盟+"合作框架更加务实。中国十分重视合作的整体性，重视在合作中扮演的角色。与会专家依靠专业背景所进行的多元观点交流意义重大，也为政府以及各个层面解决问题提供了参考。最后，王玉主教授表示中国—东盟大学智库联盟论坛诚邀来自中国和东盟成员国的杰出学者各抒己见、群策群力，为不断深化中国—东盟合作提供思路和方案。

"Work Together to Build a Community of Shared Future for China – ASEAN"

—Forum Summary of "China – ASEAN University Think – Tank Network 2019"

Wang Haifeng   Yang Zixuan

Abstract   20th, September 2019, Forum of ASEAN – China University Think – Tank Network 2019 was held in Guangxi University. The forum was themed on "Work Together to Build a Community of Shared Future for China – ASEAN" and there are four parallel sessions on four topics— "Lancang – Mekong Cooperation China – ASEAN Relations", "East ASEAN Growth Area Development and 'the Belt and Road' Cooperation", "Research on Cooperation in Education and Poverty Reduction among Lancang – Mekong Countries" and "Construction of New International Land – Sea Trade Corridor", each was participated by scholars and expertise from China and ASEAN countries.

Key Words Lancang – Mekong Cooperation; East ASEAN Growth Area; Poverty Reduction; New International Land – Sea Corridor

Authors Wang Haifeng, International College of Guangxi University, Lecturer and Ph. D. ; Yang Zixuan, International College of Guangxi University, Graduate Student.

附　录
Appendix

中国—东盟区域发展省部共建协同创新中心简介

    中国—东盟区域发展省部共建协同创新中心（以下简称"中心"）由广西壮族自治区人民政府主导，联合中共中央对外联络部、外交部、商务部、中国农业银行，由广西大学牵头，协同国内外重点高校、重要科研院所共同组建。中心以打造"国家急需、世界一流、制度先进、贡献重大"的中国特色新型高校智库为目标，致力于发展中国—东盟领域政治、经济、国防、外交等重大问题的合作与创新研究，培养"东盟通"特殊人才，服务"一带一路"等国家倡议。

    中国与东盟的合作虽然取得了巨大的成就，但随着外部环境和外生因素的变化，新问题也层出不穷，严重影响和制约着中国与东盟国家在政治和经济领域的合作与发展。为加强对中国—东盟区域发展重大理论与实践问题的综合研究，为中国—东盟命运共同体建设、中国—东盟关系发展提供理论支持、政策咨询和人才支持，中心于2015年3月15日在北京举行了第二轮组建签约（见附图1）。

    第二轮组建签约后的中国—东盟区域发展省部共建协同创新中心由28个单位构成。主要包括牵头单位广西大学，核心单位10家（云南大学、暨南大学、南开大学、对外经济贸易大学、西南交通大学、中国人民解放军国防大学战略研究所、中国社会科学院亚太与全球战略研究院等），支撑单位6家（外交部亚洲司、外交部政策规划司、商务部亚洲司、商务部国际贸易经济合作研究院、中共中央对外联络部当代世界研究中心、广西壮族自治区人民政府办公厅），成员单位11家〔南京大学商学院、外交学院亚洲研究所、中央财经大学金融学院、中国人民大学国际关系学院、厦门大学东南亚研究中心、中国—东盟商务理事会、安邦咨询公司、东中西区域改革和发展研究院、广西国际博览事务局（中国—东盟博览会秘书处）、广西金融投资集团、中马钦州产业园区管委会〕。

附图1 中国—东盟区域发展省部共建协同创新中心组建签约仪式

中心依据《理事会章程》要求，围绕中国—东盟命运共同体间"讲信修睦""合作共赢""开放包容"的建设目标，秉承"精简、高效"的原则，实行理事会领导，学术委员会对学术问题把关的中心主任负责制。目前，中心共有49支229人的研究团队，分别由协同创新中心主任、首席科学家担任主要负责人，分布在10个协同创新平台中。发展培育期间，中心已产出了200多项应用成果和400多项高水平理论成果。这些成果均具有重要的经济和社会效益，为政府制定有关中国—东盟区域发展的重大项目决策提供了理论依据和支持，也为我国现代化建设、经济理论创新和话语体系构建做出了贡献。

1. 发展目标

中国—东盟区域发展省部共建协同创新中心的建设，将以国家和东盟区域发展的重大需求为导向，以中国—东盟全面战略合作伙伴关系发展中的重大协同创新研究任务为牵引，以服务中国—东盟区域发展实践和理论创新重大需要为宗旨，提升科研、学科、人才"三位一体"创新能力，优化国际问题研究，全方位创新环境，努力将中心建设成为集科学研究、学科建设、人才培养、智库建设、体制创新于一体，世界一流的区域发展理论创新高地、政策咨询智库和人才培养基地，打造中国高校特色新型智库，使中国—东盟区域发展省部共建协同创新中心成为具有国际重大影响的学术高地。

● 科学研究

世界一流的区域发展理论创新高地。中心在中共中央对外联络部、外交部、商务部和广西壮族自治区人民政府的共同支撑下将在科研方面不断实现创新。建立知识创新机制、体制创新机制，营造有利于协同创新机制形成的环境和氛围，打造中国高校特色新型智库。

● 学科建设

建成中国—东盟区域发展国家特色学科。在研究过程中，中心将凝练学科方向、汇聚学科队伍，构筑学科基地，制定学科建设规划，创新研究成果，形成新学科课程体系，有计划地举办全国或国际学术会议、接受国内外同行研究人员参与相关项目研究，发挥对外学术交流窗口的作用，努力将创新中心建成本学科的全国学术交流和资料信息高地。

● 人才培养

国际知名的创新型人才培养基地。建立了"7校2院、2央企"的协同机制，并有5所高校作为成员单位加入，可实现人才培养"需求与供给"对称，建立跨国家、跨学科、跨学校、跨领域的人才培养平台。

● 智库建设

国际著名的中国特色新型智库。中国—东盟区域发展省部共建协同创新中心科研团队的组建涉及党、政、军、学、研、企各行业，既有理论研究人员，又有实践部门的案例支持，科研成果的决策应用性将更加突出"政、产、学、研、用"一体化试验田。机制创新、制度创新作为协同创新中心建设的关键，可以为人文社科领域科学研究开设试验田，在探索高等学校科研体制改革方面发挥示范和辐射作用。

2. 代表性成果

协同机制建立以来，中国—东盟区域发展省部共建协同创新中心的牵头单位和协同单位共承担东盟研究领域的各级科研项目 316 项，其中，国家社会科学基金项目 55 项，国家自然科学基金项目 24 项，中央部委课题委托 55 项；产出学术著作 191 部，学术论文 837 篇；200 多项应用成果被党和政府采纳；取得获奖科研成果 63 项。

3. 平台与研究团队集成

中国—东盟区域发展省部共建协同创新中心围绕"讲信修睦""合作共赢""守望相助""心心相印""开放包容"中国—东盟命运共同体目标，加强 10 个创新平台建设。协同机制形成后，将集中形成 6 个研究团队。这 6 个研究团队共包括 49 支研究团队，分别由协同创新中心主任、首席科学家担任主要负责人，分布在 10 个协同创新平台。

中心打破协同单位原有界限，实行"校校协同""校院协同""校所协同"，以课题和任务为纽带，形成"你中有我、我中有你"的紧密型合作。为了充分调动协同单位的积极性和创造性，增强责任感，充分发挥协同高校在基本理论研究、人才培养、学科建设方面的优势，中共中央对外联络部、外交部、商务部和广西壮族自治区人民政府、中国社会科学院在科学研究、政策咨询方面的优势，以及中国农业银行、国家开发银行在现实案例、数据库建设方面的优势，我们对各协同单位在建设中的分工都有所侧重。

广西大学国际学院简介

广西大学国际学院成立于 2018 年 6 月。由原中国—东盟研究院、东盟学院、中加国际学院、国际教育学院、广西大学复杂性科学与大数据技术研究所 5 个单位整合而成。作为广西大学最年轻的学院之一，国际学院承担着实施广西大学国际化战略的重要任务。目前，国际学院主要负责广西大学与美国、法国、加拿大等国知名大学的交流与合作。项目包括：中美"3 + 1"本科、中美"3 + 1 + 1"本硕连读、中法"1.5 + 3.5"本科等。同时，学院还负责全校留学生的招生与管理、对外汉语教学等国际教育事务。

国际学院的发展得到了学校的高度重视。广西大学副校长范祚军教授兼任首任院长，覃成强教授担任学院党总支首任书记，中国社会科学院亚太与全球战略研究院王玉主研究员担任执行院长。

国际学院由 2 个系和 2 个研究院组成，即国际合作教研系、对外汉语系、中国—东盟研究院和中国—东盟信息港大数据研究院。中国—东盟研究院成立于 2005 年，其前身是广西大学东南亚研究中心。重组后的中国—东盟研究院设立 10 个国别研究所、若干专业研究所以及中国—东盟舆情监测中心。中国—东盟信息港大数据研究院成立于 2018 年 9 月，由广西大学校属研究机构"广西大学复杂性科学与大数据研究所"、中国—东盟研究院的"中国—东盟全息数据研究与资讯中心"与中国—东盟信息港股份有限公司、中国科学院等单位整合而成。教学辅助机构和行政机构则包括党政办公室、发展规划与国际合作办公室、外事办公室、学生管理办公室、教学科研服务中心和创新发展中心。学院师资力量较强，知识结构合理，梯队整齐，拥有教职工 133 名，其中中方教职工 119 名，外籍教师 14 名；

在读学生 758 名，其中研究生 39 名，本科生 719 名，留学生 2267 名，招生规模特别是留学生数量呈逐年递增趋势。

　　国际学院是广西大学国际化的窗口。学院结合区域发展趋势，坚持特色化办学、国际化发展的定位，不断融合先进办学理念，创新人才培养模式，为区域社会经济文化发展服务，利用自身国际化水平以及科研平台优势，向建设一流学院不懈努力。

广西大学中国—东盟研究院简介

　　广西地处中国面向东盟开放的前沿地带，具备与东盟国家陆海相邻的独特优势，正积极构建面向东盟的国际大通道，打造西南中南地区开放发展新的战略支点，形成"一带一路"有机衔接的重要门户。习近平、李克强等党和国家领导人曾多次作出重要指示，肯定广西在中国—东盟合作中的重要地位，并明确要求广西要积极参与中国—东盟自由贸易区、泛北部湾合作、GMS 次区域合作，充分发挥中国—东盟自由贸易区前沿地带和"桥头堡"作用。2005 年，时任自治区党委书记刘奇葆作出指示，"要加强对东盟的研究，找到合作的切入点，认真做好与东盟合作的战略规划，提出行动计划。"时任自治区党委副书记潘琦、时任自治区人民政府常务副主席李金早批示，批准广西大学联合广西国际博览事务局，整合全区高校和相关部门的研究力量，在原广西大学东南亚研究中心（1995 年成立）的基础上，成立中国—东盟研究院，为正处级独立建制，以东盟经济问题为切入点，研究中国—东盟双边贸易以及 CAFTA 建设中的重大理论、政策及实践问题，并在此基础上辐射至中国—东盟关系研究。

　　2005 年 1 月中国—东盟研究院成立时，下设中国—东盟经济研究所、中国—东盟法律研究所、中国—东盟民族文化研究所，主要研究方向涉及中国—东盟关系及东南亚国家的经济、法律、文化及民族等方面的问题。为适应中国—东盟关系的发展变化，2011～2013 年中国—东盟研究院进一步细化研究领域，强化研究深度，调整运行架构，将机构设置增加、调整为 10 个国别研究机构（越南、缅甸、老挝、泰国、文莱、新加坡、马来西亚、印度尼西亚、菲律宾、柬埔寨 10 个国别研究所）和 10 个专业研究机构（中越经济研究院、广西大学 21 世纪海上丝绸之路研究中心、澜沧江—湄公河经济带研究中心、中国—东盟产业发展与生态环境研究中心、国际关系研究所、民族与文化研究所/骆越文化研究中心、法律研究所、中马产业园研究中心、中国—东盟战略研究所、中国—东盟财政金融政策研究中心），并启动建设中国—东盟研究国际在线研讨平台和中国—东盟全息数据研究与咨询中心，强化科研基础设施建设。

2013年6月1日，中共中央委员、广西壮族自治区党委书记、自治区人大常委会主任彭清华同志就中国—东盟重大课题研究和中国—东盟研究团队、研究机构的建设与发展作出重要指示："广西大学中国—东盟研究院，在高校里很有特色，有独特的地位。广西在中国—东盟关系里面，不管是一个桥头堡还是一个开放前沿，都有一个独特的区位优势，我们把广西大学中国—东盟研究院办好，加强科研团队建设，有利于更好地发挥广西在发展中国—东盟合作关系中的作用。中国—东盟研究团队多年来积累了一些研究成果，对我们今后更务实、有效地改进中国—东盟、广西—东盟的关系很重要，希望继续把它做好。"

近年来，中国—东盟研究院以"长江学者""八桂学者"为重点目标，以"特聘专家"等方式引进国内外高校及研究机构的科研骨干，跨学科交叉组建研究团队。经过长期建设发展，中国—东盟研究院已成为全国从事东盟领域研究人数最多的机构之一：现有优秀科研人员共121人，其中专职人员42人，校内兼职人员79人（科研管理与考核在研究院，教学在其他学院），教授（研究员）共有45人。专职人员中拥有国家"百千万"人才工程人选1人、国家级有突出贡献中青年专家1人，教育部"新世纪优秀人才"2人、"八桂学者"1人、广西新世纪"十百千"人才工程第二层次人选3人、享受政府特殊津贴专家2人、广西高校百名中青年学科带头人4人、广西高校优秀人才3人。校内兼职人员中，院士1人、长江学者2人、中国科学院百人计划人选1人、全国教学名师1人。校外兼职研究人员61人，国外合作研究人员9人。

目前，中国—东盟研究院作为"自治区人文社科重点研究基地"，牵头建设中国—东盟区域发展省部共建协同创新中心，实施"中国—东盟战略伙伴关系研究'部、省、校'协同创新工程"，争取"中国—东盟区域发展省部共建协同创新中心"进入国家级协同创新中心行列。在此基础上，中国—东盟研究院拟申报"教育部人文社会科学重点研究基地"，未来将为中国—东盟关系领域的全面研究提供更广阔的平台。

广西大学中国—东盟研究院立足地缘和区位优势，研究中国—东盟双边贸易以及 CAFTA 建设中的重大理论、政策及实践问题，在国内乃至东盟国家有重要影响。以广西大学中国—东盟研究院为主要建设载体的"中国—东盟经贸合作与发展"211 重点建设学科群已经成为广西该领域独占鳌头的强势学科，主要学科（专业）建设或研究方向已经达到国内领先水平。

1. 中国—东盟关系发展战略、合作机制与规则研究

以教育部重大攻关项目"推进一带一路海上丝绸之路建设研究"，国家社会科学基金项目"中国—东盟关系中政治与经济互动机制研究""《东盟宪章》《东盟经济共同体蓝图》等文件生效后的中国—东盟合作关系研究"等国家级项目为研究平台，以中国—东盟自由贸易区（CAFTA）发展进程为主线，涵盖中国—东盟合作及其影响因素（涉及地缘关系与政治、经济、民族文化、管理等方面）、中国—东盟自由贸易区（CAFTA）推进策略、CAFTA 各成员国国别政策研究、中国—东盟关系发展趋势、南中国海问题等。该研究方向涉及政治学、经济学、法学、管理学、文学五大学科门类 11 个二级学科，突出学科交叉协同研究的组合优势，研究成果直接服务于中国—东盟关系发展战略的制定与实施。

2. 中国—东盟经贸合作与区域经济一体化研究

以教育部哲学社会科学研究重大课题攻关项目"中国—东盟区域经济一体化研究"、国家社会科学基金重点项目"中国—东盟旅游与贸易互动关系研究"、国家社会科学基金项目"中国—东盟自由贸易区成员国宏观经济政策协调理论研究"、"中国西南地区与东盟区域农业合作研究"等国家级项目为研究平台，将主要研究中国—东盟经贸合作细分领域、合作策略、推动战略，研究中国—东盟区域经济一体化进程及其影响因素，研究解决中国—东盟区域经济一体化建设的理论关键问题以及理论和实践相结合的现实问题。该研究方向是广西大学东盟研究领域传统优势的再持续，涉及应用经济学、理论经济学、国际关系学等多个学科，突出多校联合和部校联合的创新协同优势，研究成果直接服务于中国—东盟自由贸易区的推进和深化、中国—东盟博览会、中国—东盟商务与投资峰会。

3. 中国—东盟产业合作、资源综合利用与生态保护研究

以国家社会科学基金重大项目"CAFTA 进程中我国周边省区产业政策协调与区域分工研究"、国家自然科学基金项目"自由贸易与跨境通道对

地缘经济区的重塑——基于 C－P 模型的实证研究"等国家级项目为研究平台，研究中国—东盟产业合作与协调的相关政策、产业分布与资源要素禀赋、产业成长与资源综合利用以及与之相关的环境生态等问题。本研究特色在于文、理、工、农多学科交叉，实现自然科学与社会科学的有机结合。本研究团队会集了院士、"长江学者"、"八桂学者"等高端人才，横跨文科与理工科两大截然不同的领域，证明人文社会科学与理工农科相结合确实能够实现效益倍增，科研成果充分体现部、省（自治区）、校协同研究服务地方经济发展的协同创新优势。

广西大学中国—东盟研究院获得全国东盟研究领域第一个教育部哲学社会科学研究重大课题攻关项目和第一个国家社科基金重大项目，建立了广西人文社会科学研究的里程碑，成为中央有关部委、自治区党委、政府及其相关部门、地方各级党委、政府的重要智囊单位，研究成果或入选教育部社会科学委员会专家建议、中共中央对外联络部、教育部内参和成果摘报，或获得党中央、国务院和自治区主要领导批示，在学术界和社会上有较大的影响，居国内领先水平。

展望未来，中国—东盟研究院将本着跨学科、跨区域、跨国家的开放式研究平台建设思维，整合国内外该领域研究力量，创新科研团队形成机制，融合政治学、历史学、民族学等多个边缘学科，研究中国—东盟关系问题，并扩展到跨国界区域性国际经济合作理论与实践问题。"中国—东盟区域发展"作为应用经济学一级学科的新设二级创新学科，以博士点和硕士点建设为契机，以"中国—东盟关系与区域发展"作为研究对象，试图形成完整的中国—东盟关系研究多学科互动研究体系，使本研究团队的理论研究具有前沿性、基础性、支撑性。

《中国—东盟研究》征稿启事

一、来稿要求作者严格遵守学术规范，引用的文献、观点和主要事实必须注明来源。独著或第一作者原则上应该具有副高及以上职称或具有博士学位。来稿一般不超过 15000 字为宜。来稿一经录用，我们将视情给予稿酬。

二、为规范排版，请作者在投稿时一律采用 Word 格式，严格按照以下要求：

1. 论文要求有题名（中英文）、内容摘要（中英文、200 字以内）、关键词（中英文、3~5 个）、作者简介（中英文）。

2. 基金项目和作者简介按下列格式：

【基金项目】：项目名称（编号）。

【作者简介】：姓名、工作单位、职务、职称、所在城市、邮政编码和联系方式（电子信箱和手机号码）。

3. 文章一般有引言和正文部分，正文部分用一、（一）、1、（1）编号法。插图下方应注明图序和图名。表格应采用三线表，表格上方应注明表序和表名。正文为五号宋体，题目三号宋体加粗，一级标题四号宋体加粗，二级标题小四宋体加粗，行间距 1.25 倍行距，脚注小五号宋体。

4. 引文注释均采用页下注（脚注）形式列出，参考文献不再列出。一般应限于作者直接阅读过的、最主要的、发表在正式出版物上的文献，具体参见附件"《中国—东盟研究》引文注释规范"。

三、文责自负。本刊实行匿名评审制度，确保论文质量。在尊重原作的基础上，本刊将酌情对来稿进行修改，不同意者请在来稿中说明。凡投稿两个月内未接到任何采用通知，作者可另行处理。切勿同时一稿多投。

四、为适应我国信息化建设，扩大本刊及作者知识信息交流渠道，本刊已被《中国学术期刊网络出版总库》及 CNKI 系列数据库收录，其作者文章著作权使用费与本刊稿酬一次性给付。免费提供作者文章引用统计分析资料。如作者不同意文章被收录，请在来稿时向本刊声明，本刊将做适当处理。

五、未尽事宜由《中国—东盟研究》编辑部负责解释。

投稿电子邮箱：zg - dmyj@ gxu. edu. cn；电话：0771 - 3232412

著作约定与声明

如无特别声明或另行约定，来稿一经刊用，即视为作者许可本刊使用该稿件的专有发表权、发行权、复制权、网络传播权等。凡在本刊发表的文章获奖或被其他报刊转载、摘登等，请及时通知本刊编辑部。本刊允许转载、摘登和翻译，但必须注明出处，否则视为侵权。

《中国—东盟研究》编辑部
2019 年 12 月

附件：《中国—东盟研究》引文注释规范

1. 中文注释

对所引用的文献第一次进行注释时，必须将其作者姓名、文献名、出版社、出版时间、所属页码一并注出。具体格式举例如下：

（1）专著

王子昌：《东盟外交共同体：主体及表现》，北京：时事出版社 2011 年版，第 109 - 110 页。

（2）译著

【美国】汉斯·摩根索：《国家间的政治——为权力与和平而斗争》，杨岐鸣等译，北京：商务印书馆 1993 年版，第 30 - 35 页。

（3）论文

徐步、杨帆：《中国—东盟关系：新的起航》，《国际问题研究》2016 年第 1 期，第 35 - 48 页。

2. 外文注释（以英文为例）

同中文注释的要求基本一致，只是论文名用引号，书名和杂志名用斜体。具体格式举例如下：

（1）专著

Robert O. Keohane and Joseph S. Nye, *Power and Interdependence*：*World Politics in Transition*，Boston：Little Brown Company，1997，p. 33.

（2）论文

Amitav Acharya，"Ideas，Identity and Institution – Building：From the 'ASEAN Way' to the 'Asia – Pacific Way?'"，*The Pacific Review*，Vol. 10，No. 3，1997，pp. 319 – 346.

（3）文集中的论文

Steve Smith，"New Approaches to International Theory"，in John Baylis and Steve Smith eds.，*The Globalization of World Politics*，Oxford：Oxford University Press，1998，pp. 169 – 170.

3. 互联网资料注释

互联网资料格式参照以上中英文注释的要求，同时需要注明详细的网址以及登录时间。

（1）中文资料

许宁宁：《中国与东盟走过了不平凡的 20 年》，新浪财经网，2011 年 7 月 28 日，http：//finance. sina. com. cn/g/20110728/151310223248. shtml，登录时间：2015 年 9 月 6 日。

（2）英文资料

Richard Heydarian，"Japan Pivots South，with Eye on China"，*The Asia Times Online*，January 26，2013，http：//www. atimes. com/atimes/Japan/OA26Dh01. html，登录时间：2015 年 12 月 22 日。